KB071948

목간에 비친
고대 일본의 서울
헤이조쿄

03
다시보는
동아시아

목간에 비친
고대 일본의 서울
헤이조쿄

平城京

사토 마코토 지음 ｜ 송완범 옮김

성균관대학교
출판부

일러두기

1. 이 책은 사토 마코토의 『木簡から読み解く平城京』(日本放送出版協会, 2010) 전문을 우리말로 옮긴 것이다.
2. 본래 원서에는 주가 없지만, 한국 독자의 내용 이해를 돕기 위해 옮긴이는 곳곳에 역주를 달았다. 참고해볼 만한 자료 사진들 역시 다수 번역 시에 추가한 것이다.

한국어판 서문

최근 일본 고대사 연구는 다음과 같이 새로운 경향으로 전개되고 있다.

첫째, 동아시아 국제 관계의 맥락에서 일본 열도의 고대사를 다시 파악하려는 움직임이다. 이를 위해 동아시아와 한중일 삼국의 고대사 연구는 자국 제일주의에 사로잡히지 않고, 각자의 지역적인 입장을 존중하면서 국제적인 관점에서 접근 · 분석되고 있다.

둘째, 익숙한 기존의 문헌 사료뿐만 아니라 점차 활기를 띠고 있는 고고학적 발굴 조사 성과에 힘입어 당대의 역사상을 실증적이며 입체적으로 그려낼 수 있게 됐다. 예컨대 고도古都 헤이조쿄平城京의 지방 관아 유적들의 발굴 조사를 통해 옛 도시의 일상과 율령에 의한 지방 행정의 변화상들을 면밀히 확인할 수 있게 됐다.

셋째, 발굴된 출토 문자 자료들(목간, 칠지 문서, 금석문, 문자 기와, 묵서 토기 등)을 통해 새로운 일상 정보들을 확보함으로써 재현되는 당대의 일상사가 풍부해졌다. 기존의 문헌 사료들이 천황과 귀족을 중심으로 하고 중앙의 공적 장소들을 배경으로 삼은 사료인 반면, 출토 문자 자료는 하급 관인과 민중 그리고 지방과 일상의 장소를 배경으로 둔 자료라고 할 수 있다. 차원을 달리하는 양자의 역사적 자료를 골고루 탐색할 수 있게 됨으로써 총체적인 역사상의 구현이 가능해졌다. 일본의 출토 목간 수량은 이미 40만 점을 넘어, 양적으로나 질적으로 고대사 연구에서 큰 비중을 차지하는 위치가 됐다.

넷째, 언급된 발굴 자료들을 통해 일본 열도 각 지방의 고대사도 보다 분명해졌다. 이제 일본의 고대사는 일원적 성향의 율령 국가의 역사만이 아니라, 오키나와나 홋카이도 등의 변경 세계, 에미시(蝦夷, 도호쿠 지역 등에 존재하던 변경 거주 집단으로서, 멸시와 지배의 대상이었다)나 하야토(隼人, 지배 세력이던 야마토인大和人과는 다른 문화적 특성을 지닌 민족으로서, 지금의 구마모토 현과 가고시마 현 지역에 거주했었다)의 세계, 그리고 지역[在地] 수장들의 세계 등 다원적인 양태를 포괄한 역사로 인식되고 있다.

이 책은 이렇게 새로워진 일본 고대사 연구의 동향을 바탕에 두고 있다.

나라奈良 시대의 수도였던 헤이조쿄에서 출토된 목간과 나가야長屋 왕가의 목간들을 해독하고 연구함으로써 보다 구체적으로 조감되는 고대 도시와 당대의 실상을 재현해보려는 의도에서 출발한 이 기획은 엔에이치케이NHK 라디오 특집 「역사의 재발견: 목간으로 해독하는 헤이조쿄」의 편성물로 먼저 청취자들을 찾았다. 방송이 전파를 탄 2010년은 헤이조쿄 천도 1300주년이 되는 해이기도 했다. 방송 내용을 친절하고 충실하게 텍스트로 옮긴 이 책은 당시 일본의 목간 연구와 목간학 그리고 고대사 연구의 수준을 보여주는 적극적인 시도로서 많은 독자들로부터 호평을 받았다.

이제 이 책이 과거 도쿄대학 대학원에서 필자의 지도 학생으로 박사학위를 받은 송완범 교수의 번역으로 한국어판으로 출판되기에 이르렀다. 송 교수는 동아시아 고대사 연구에 매진하고 있는 우수한 연구자로, 늘 새로운 관점을 개척하는 앞자리에 서 있다.

마침 한국도 목간과 금석문 등 출토 문자 자료의 새로운 발견과 함께, 고대사의 연구의 새 지평이 열리는 시기에 당도해 있다고 생각한다. 이 책이 미약하나마 앞으로의 연구에 기여할 수 있다면, 더 나아가 한일 역사 연구의 상호 교류에 기여할 수 있다면, 정말로 반가운 일이 아닐 수 없겠다.

끝으로 번역에 애썼을 송완범 교수와 책의 출판을 결정해주신 성균관대학교 출판부에 깊은 감사를 드립니다.

2017년 봄, 도쿄대학에서

사토 마코토

머리말

지금으로부터 1300년 전 천도에 의해 시작된 나라奈良의 서울 헤이조
쿄(平城京, 710~784)는 유네스코 세계문화유산에 등재된 사적들이 집
중해 있으며, 많은 사람들이 방문하는 고도古都다. 나라 시대의 역사
에 대해서는『속일본기續日本紀』* 등의 문헌에 그 기록이 남아 있거니
와, 도다이지東大寺, 고후쿠지興福寺의 등의 사찰과 도다이지의 방대한
재물을 보관하기 위한 창고였던 쇼소인正倉院의 보물 등 당대 모습 그
대로의 문화유산들이 다수 전해지고 있다.

또한 헤이조큐平城宮 유적이나 헤이조쿄 유적은 나라문화재연구소
를 시작으로 여러 연구기관에 의해 정밀한 발굴 조사가 이뤄졌고, 그
결과 고대 도시 헤이조쿄의 실상은 더욱 분명해졌다.

특히 헤이조큐나 헤이조쿄 유적에서 출토된 방대한 양의 목간은
일본 고대사 연구에 깊이를 더해준 새로운 역사 자료였다. 헤이조쿄
유적만큼 발굴 조사와 출토 문자 자료에 의해 구체적인 지식과 견문

---

* 스가노 마미치管野眞道(741~841)가 간무桓武 천황의 칙명에 따라 수찬한 나라 시대의
  정사正史이다. 편년체로 기술돼 있으며 전40권으로 구성돼 있다.

이 축적돼 있는 고대 도시의 사례는 전 세계적으로도 매우 드물다. 이를 통해, 인구와 부가 집중되고, 귀족과 하급 관인 등 사회적으로도 여러 계층이 존재하면서 사회적 분업이 전개됐으며, 나아가 대규모 물자 유통이 이뤄지는 가운데 민중의 생활이 영위되던 고대 도시의 실상은 명징하게 판독됐다.

이제 목간을 통해 알아낼 수 있는 다양한 역사 정보를 해독하고, 이를 나라 시대의 통사通史 속에 위치시키면서 헤이조쿄의 역사상을 입체적으로 재구성해보고자 한다. 동시에 최근의 발굴 조사 성과들을 참고하면서, 고대사 · 고고학 · 건축사 · 미술사 등을 종합하는 관점에서도 고대사의 실상에 접근해나가고자 한다.

2010년 여름
사토 마코토

목차

제3부 다양한 목간들

제4부 목간이 증명하는 사실事實, 사실史實들

제1부

목간과 고대 일본의 서울

제1장 목간이란 무엇인가

1. 일본 고대의 목간

고대의 문자 자료로서 목간이 일본에서 처음으로 발견된 것은 1961
년의 헤이조큐平城宮 유적 다이리內裏[1] 북쪽의 관아 지구인 대선직大膳
職[2]에서 실시된 나라문화재연구소의 발굴 조사에 의해서였다. 고대
의 쓰레기 처리장에서 출토된 나무 조각에 먹 흔적으로 보이는 문자
가 있는 것을 눈여겨본 한 작업원의 관찰력과 집중력 덕택에 그 의미
는 금세 파악될 수 있었다. 물론 이후의 처리와 조사, 그리고 해독과
보존을 적절히 수행한 연구원들의 노력 덕분에 가능한 발견이기도
했다.

돌이켜볼 때 그 전까지는 아무도 흙 속에서 문자가 기재된 나무 조

---

1 고대 도성인 궁성에서 천황의 사적 공간을 일컫는다. 다른 명칭으로는 고쇼御所, 긴리禁
　裏, 오우치大內 등이 있다.
2 고대 일본의 율령제하에서 궁내성宮內省에 속한 관청으로, 신하들에게 교젠饗膳(손님
　대접을 위해 차린 음식)을 제공했다.

각이 출토되리라고 상상하지 못했다는 것은 신기한 일이 아닐 수 없다. 고대에는 오늘날 종이를 사용하듯 나무에 문서를 작성하는 일이 일반적이었다.

또한 폐기됐더라도 수분을 많이 포함하는 지층 속에서는 목간이 전부 썩지 않고 1200~1300년 후까지 남아 전해진다는 사실도 확인됐다. 사실 태평양전쟁 전에도 유이柚井 유적[3](미에三重 현), 홋타노사쿠拂田柵 유적[4](아키타秋田 현) 등의 유적에서 목간이 출토됐지만, 목간이 고대에 일반적으로 존재했다는 인식에까지는 이르지 못한 터였다. 더구나 『일본서기日本書記』와 『속일본기』 그리고 「율령律令」 등 익숙한 고대사 자료를 통해서만 연구 업적이 축적돼 있었기 때문에, 이처럼 한정적이던 문헌 사료에 의존하는 고대사 연구 분야는 부분적이지만 폐색감도 생겨나고 있었다. 이런 상황에서 앞으로 무한히 출토될 가능성이 있는 목간의 발견은 고대를 기재한 생생한 사료로서 고대사의 가능성을 넓혀준 반가운 낭보였다.

고대의 서울에서 출토된 목간에 대한 정보는 각지의 발굴 조사 담당자들에게 즉시 전파됐다. 이후 다자이후太宰府 유적[5](후쿠오카福岡 현 다자이후 시)과 다가조多賀城 유적[6](미야기宮城 현 다가조 시) 등 유력한 지방

---

3 1928년 경지 정리 당시 다수의 목제품, 토기와 함께 목간이 발견됐다.
4 1902년 경지 정리 당시 200여 점의 목책이 발견됐다. 그중 유적 내의 문자가 쓰인 목편을 채집한 후, 1930년의 발굴 조사로 유적의 존재가 밝혀졌다. 일본의 목간 연구에 있어 효시가 된 유적 중 하나이다.
5 '먼 조정'이라고도 불린 서해도의 정치 중심지. 국방과 외교 등 대외 관계를 다루던 출장 기관으로 중요한 위치를 점하는 지방 관아였다.
6 일본 율령 시대에 무쓰陸奥 국에 설치된, 동북 지방의 개척에 이용된 중요 행정관청이자 군사방어 시설.

관아 유적에서도 목간이 출토됐다. 그리고 이바伊場 유적[7](시즈오카静岡 현 하마마쓰浜松 시) 등 국부國府보다 하위의 지방 관아 유적에서도 계속 해 목간이 출토되고 있다. 때마침 고도 경제성장에 동반된 '개발 붐'에 맞춰 발굴 조사 건수의 증가와 함께, 목간이 출토되는 유적은 폭발 적으로 증가했다. 현재 전국 각지의 다양한 유적에서 출토된 목간은 40만 점에 이르고 있다.[8]

이는 또한 단순히 목간의 양적 증가만을 의미하지 않는다. 질적으로도 나가야오케長屋王家 목간[9]과 같이 그 의의가 높고 내용도 풍부한 목간이 다수 출토되고 있다. 이렇게 목간은 고대사를 재구성하는 사료로서 정사正史 및 율령과 그 어깨를 나란히 함으로써 독특한 사료적 위치를 확립하게 됐다.

목간이 출토되기 시작할 무렵에는, 종이가 귀하게 여겨지던 고대에 값싸게 구할 수 있는 나무를 그 대용으로 사용했다고 보았다. 하지만 목간이 다량으로 사용된 양상을 파악하게 되자, 종이와 나무가 각각 적절한 상황에서 나누어 사용됐다는 인식에 이르게 된다. 종이와는 다른 나무의 특성을 살려, 종이보다 나무를 쓰는 쪽이 유리할 때에

---

7 야요이弥生 시대부터 나라 시대와 헤이안平安 시대 초기까지 이르는 시기 건물의 유구遺構가 출토된 복합 유적으로, 나라 시대의 관아로 추정되는 유적에서 목간이 출토됐다. 그 중 한 점에 보이는 「己亥年(699)伍月十九日渕評竹田里人」의 '評'은 '고리'라 읽는데, 7세기 중엽의 고토쿠孝德 천황 무렵부터 8세기 초의 다이호 율령大宝令 시행에 이르기까지의 기간에 실시된 지방행정 단위이다. 이후에 '評'은 '郡'으로 바뀌어갔다.

8 이 책의 원서가 출간됐던 2010년 시점에는 35만 점이었다.

9 1986년부터 1989년에 걸쳐 나라 시 2조대로의 남쪽 소고백화점 건설 예정지에서 발굴 조사가 행해졌다. 1988년에 대량의 목간이 발견됐고, 이 장소는 나가야오케 저택의 유구로 판명됐다.

는 목간이 사용됐다는 것이다.

예를 들면, 호적戶籍, 계장計帳 같은 장문의 공문서에는 이어 붙일 수 있는 종이 문서가 적합하고, 하찰荷札(일본어 음은 니후다)[10]과 같은 경우에는 종이보다 견고한 나무를 사용한 것이다. 목간은 글자를 틀리게 쓴 경우에는 깎아 수정할 수 있고, 끈으로 연결이 가능하도록 재료의 좌우에서 목재를 잘라낼 수 있으며, 나무에 구멍을 뚫어 가공할 수 있다는 이점도 있었다. 한편 매일 청구 사항과 지급 사항을 총계하는 정식 보고서는 종이 문서를 사용하는 등 종이와 나무의 사용은 구분됐다.

한자의 고향인 중국에서는 예로부터 서사 재료로 대나무와 나무 그리고 섬유〔布帛〕가 이용됐다. 후한 시대인 2세기 무렵 발명된 종이는 그 사용량이 점차 늘어나게 됐지만, 종이와 나무가 함께 사용된 시기 역시 지속됐다. 이렇게 서사 재료로서 종이와 나무가 병용되는 한자 문화가 일본 열도로 전해져온 것으로 볼 수 있다.

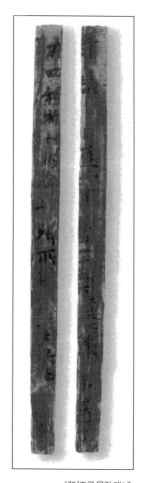

헤이조큐 목간 제1호

---

10 발송인 또는 수취인의 주소와 성명을 기입해 수하물에 붙인 꼬리표.

2. 목간의 분류

목간은 내용상, 문서文書, 부찰付札, 습서習書 및 낙서落書와 그 외의 것으로 나뉜다. 문서 목간은 관청이나 관인 사이에서 주고받는 문서를 기재한 목간이다. 보통의 문서인 경우와 물품의 청구 및 지급 때에 장부처럼 사용되는 기록 목간으로 나눌 수 있다. 문서 목간은 장방형의 단책短冊 형태를 띤 것이 많고, 기록 목간의 경우 2차적으로 작은 구멍을 뚫어 끈으로 철한 형태로 이용된 것이 있다. 각 관청에서 매일 반복되는 숙직 보고, 그리고 쌀 등의 물품 청구 및 지급과 관련된 문서에는 번거로운 날인을 필요로 하지 않는 목간을 많이 이용했다.

부찰 목간은 공진물貢進物 하찰 목간과 물품 부찰로 나뉜다. 공진물 하찰 목간은 지방에서 헤이조큐 앞으로 보낸 공진물에 부착된 물품 꼬리표다. 지방에서 국國·군郡·리里, 호주의 이름과 물품명, 연기年紀 등이 쓰인 채로 공진물과 함께 헤이조큐까지 운반돼 창고에 수납·보관됐다. 공진물이 궁내의 각 관사에 지급된 후 최종적으로 공진물이 소비된 곳에서 불필요해질 때 폐기하는, 일종의 '여행'을 하는 목간이라고 할 수 있다. 한편 물품 부찰은 궁내의 보관 관사에서 물품을 보관할 때 '제목'으로 부착된 목간으로서 중앙에서 쓴 꼬리표다. 부찰 목간은 물품에 끈을 묶는 데 적합하도록 부재의 양쪽 측면에 홈이 파인 형태와 하단을 뾰족하게 한 형태가 있다.

습서와 낙서 목간은 한자와 한문 습득을 위해 연습하거나 소일거리용으로 사용된 것으로서, 목간이 전용된 것이다. 작은 칼로 목간의 표면을 깎아내면, 다시 이용할 수 있는 특징을 활용했다. 고대의 관인

官人을 일컬어 중국에서 '도필刀筆의 관리'라 했던 것도 목간을 깎기 위한 작은 칼과 서사를 위한 붓이 그들에게 필수품이었다는 사실로부터 유래한다.

재료인 나무의 특질을 살린 목간으로는, 고선考選 목간이라 불리며 관리들의 근무 평정에 사용된 목간이나 종이 문서의 봉함에 이용된 봉함 목간 등이 있다.

고선 목간은 고과(매년의 근무 평정)나 선서選叙(위계 승진 때의 근무 평정) 때 인사 사무를 담당하는 관청에서 사용된 목간이다. 문관의 인사를 담당하는 식부성式部省 옛터에서 발견된 대량의 고선 목간은 특징적인 형태를 갖고 있었다. 장방형 단책 형태로 약간 두터운 목재 측면에 작은 구멍을 뚫고 목간을 끈으로 엮어 옆으로 길게 배열하기 때문에, 그 순서를 바꿀 수도 있었다. 이를테면 오늘날 종이 카드처럼 필요할 때 뽑아서 사용할 수 있도록 돼 있었다.

봉함 목간은 하단을 배드민턴 라켓의 손잡이 같은 형태로 꾸며 두 장으로 만들거나 혹은 갈라진 틈을 둔 목간 사이에 종이 문서를 끼워 끈으로 묶은 것이다. 겉에 수신자의 이름을 쓰기도 하고, 끈을 걸친 홈이 있는 곳에 '봉封'이란 문자를 기재해두곤 했다. 이처럼 목간은 나무가 가진 특질을 잘 살리면서 종이와 함께 널리 사용됐다.

3. 목간의 사료적 특질

목간의 사료로서의 특질을 꼽는다면, 지하에서 출토된다는 고고학적 의미를 감안한 배경 위에, ① 동시대 사료이자, ② 일상적인 사료이며, ③ 지방 사료가 많다는 점 등을 지적할 수 있다.

첫째, 목간은 『일본서기』와 『속일본기』처럼 나중에 1차 사료를 취사선택해 국가의 입장에서 편찬한 역사서와 달리, 당대 시점이 고스란히 드러나는 생생한 동시대 사료다. 예컨대 『일본서기』에서 646년(대화 2년) 정월 조에 보이는 '다이카노 가이신大化改新'관련 문장은 편찬 단계에서 다이호 율령에 의해 수식된 글이다. 이것이 있는 그대로 7세기 중반의 것이 아니라는 사실은 7세기 대의 후지와라科藤原宮 목간에 의해 명백하게 밝혀졌다. 또한 고대사에서 유명한 '군평郡評 논쟁'도 동시대 사료인 목간이 증거로 제시됨으로써 논쟁에 마침표가 찍혔다.[11]

둘째, 『속일본기』 등의 경우 원칙적으로 5위 이상의 귀족들만 이름을 올릴 수 있었고, 예컨대 '쌀과 소금의 일', 즉 일상 식탁의 일은 너무 번거롭기 때문에 기재하지 않는다는 편찬 방침에 의거하고 있었다. 반면 목간의 경우는 수많은 하급 관인들의 기사와 하루하루 식사에 관한 것 등 일상적인 기록들이 많다. 지방에서 공진돼온 쌀과 소금의 물품 꼬리표 목간이 대량으로 출토됨으로써 다수 하급 관인들의 궁내 근무 환경과 그들의 식탁 모습까지도 그려볼 수 있게 됐다. 이렇게 목간은 대부분이 일상적인 사료들이었다.

---

11 주7 참조.

12 원래 왕성 주변의 땅을 의미하는데, 일본 율령국가가 정한 행정구역으로 여러 씨족들의 거주 지역을 행정상 특별 취급한 것이다. 야마시로山背(山城) · 야마토大和 · 가와치河內 · 셋쓰摂津의 4국과 나중에 가와치에서 이즈미和泉가 갈라져 나와 '5기나이'라 부른다.

祖日觸使主之女宮主宅媛生菟道稚郎子

皇子矢田皇女雌鳥皇女次妃宅媛之弟小
甂鳥備誰云

媛生菟道稚郎姬皇女次妃河派

仲彦女弟媛生稚野毛二派皇子
深山云次妃

櫻井田部連男鉏之妹糸媛生隼總別皇子

次妃日向髪長媛生大葉枝皇子小葉枝皇

子凡是天皇男女幷廿王也根鳥皇子是
太田君之始祖也大山守皇子是土形君榛原

君凡二族之始祖也去来真稚皇子是深河
別之始祖也

三年冬十月辛未朔癸酉東蝦夷悉朝貢

即役蝦夷而作厩坂道十一月家乙海人訕

咙之不從命
則遣阿曇連祖大濱

宿称平其訕咙因爲海人之宰故俗人讀

曰佐麻廬阿摩考其是縁也是歲百濟辰

斯王立之失礼於貴國天皇故遣紀角宿祢

羽田矢代宿祢石川宿祢木菟宿祢貢嘖其

无礼狀由是百濟國殺辰斯王以謝之紀角

宿祢等便立阿菟爲王而歸

五年秋八月庚寅朔令諸國之海人及山

守部令不從命伊豆國令造船長十丈船一

成之試浮于海便輕泛疾行如馳故名其船

曰枯野
馬若謂輕野後人訛耶

『일본서기』_720년에 편찬된 일본 최초의 역사서이며, 세상의 생성 및 일본의 건국 신화를 담고 있는 신대神代에서 시작해, 697년 지토 천황持統天皇이 사망한 해까지의 역사를 연대순으로 기록한 통사이다.

셋째, 국가가 편찬을 주도한 역사서는 중앙과 기나이畿內[12] 중심으로 역사 기록이 이뤄졌다. 반면 지방 유적에서 출토되는 목간과 지방으로부터 보내져 궁도에서 출토된 하찰 목간들을 살펴보면, 각 지방과 지역의 고대사가 밝혀진다. 결과적으로 이때의 목간들은 지방적 사료로서의 성격을 갖는다. 이렇게 각 지역 고대사의 모습이 목간 등의 출토 문자와 유적의 발굴 조사 성과로 명백해짐으로써, 일본 열도 각지의 고대사는 다원적으로 전개되고 있었음이 파악된다. 또한 육국사六國史[13]와 율령 등이 전하는 중앙 정부의 역사와 비교·검토를 통해 일본 열도의 고대 사상은 종합적이고 구체적으로 묘사된다고도 할수 있다. 요컨대 목간 연구의 진척으로 중앙과 지방 양쪽에 걸친 고대사의 모습이 훨씬 풍부해지는 셈이다.

4. 목간의 출토부터 보존까지

목간은 어떠한 유적과 유구에서 출토되는가. 주로 수분이 많이 포함된 습윤한 유구에서 주발견되며, 진흙 속에 파묻힌 채 출토되는 경우가 많다. 중국 목간(간독簡牘)의 경우, 남방에서는 물에 잠긴 채로 발견된 습식 목간이 남아 있고, 한편 서역에서는 사막에서 자연 건조된 상태의 목간이 남아 있다. 일본에서는 줄곧 지상으로 전해져온 쇼소인正

---

13 이른바 율령 시대라 불리는 나라 시대에서 헤이안 시대까지 국가가 편찬한 여섯 권의 정사로, 『일본서기』, 『속일본기』, 『일본후기』, 『속일본후기』, 『일본문덕천황실록』, 『일본삼대실록』을 가리킨다.

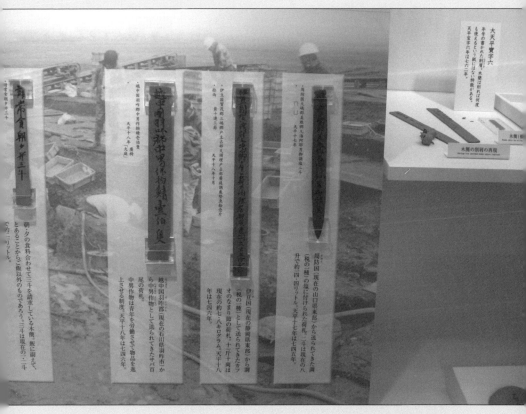

헤이조큐 유적에서 출토된 목간들
나라문화재연구소에서 보존 처리돼 전시 중이다.

倉院의 목간 사례도 소수 있지만, 습윤한 토양 속에서 수분에 의해 보존돼온 습식 목간이 대부분이다. 습윤한 유구란 고대 유적에서 대개 흙구덩이(쓰레기 처리장), 하수도, 우물 등이며, 여기서는 목제품 등 다른 목제 유물도 함께 출토된다.

목간을 조사할 때는 수분이 증발해 목간이 건조해지지 않도록 보존 처리에 세심한 주의를 필요로 한다. 발굴 조사 현장에서도 출토 상황 기록 시에 똑같은 배려가 필요하다. 목간의 출토 유구, 상황, 층위, 반출 유물 등의 출토 정보와 목간 실물이 갖는 형태에 대한 기초적 정보는 목간의 사료적 생명 가운데 절반 이상을 차지한다고 해도 과언이 아니다.

발굴 조사 현장에서는 출토 지점을 분명히 기재하고, 진흙이 붙어 있는 채로 목간을 물에 담가 정리실로 운반해 물로 씻는다. 부착된 진흙을 붓과 솔, 송곳 등을 사용해 세심하게 세정한다. 이후 물에 담근 채로 관찰하며 이때 비로소 기록을 남긴다. 다시 말해 출토 시점에서 묵색이 짙은 필체에 가해진 붓의 힘과 형태의 특징 등을 기록한다. 고대의 필기 문자와 최초로 대면하는, 일종의 석문 해독인 셈이다.

예전에는 문자가 보기 어렵게 변해버리기 때문에 출토한 즉시 기록을 해두었지만, 요즘은 표백제에 해당하는 에틸렌디아민테트라아세트 산(EDTA: ethylendiaminetetraacetic acid)이라는, 나무에 부착된 중금속 이온을 배제시키는 약제를 사용하게 되면서 조금은 여유를 갖고 기록할 수 있게 됐다. 그다음에는 플라스틱 케이스 속에 붕산 붕수소 용액(0.5퍼센트)을 채워 목간을 여기에 담근 상태로 보존한다. 목간이 물에 떠서 움직이다 부서지거나 건조해지지 않도록, 자주 보존 상황을 살피지 않으면 안 된다. 이후 사진 촬영을 하고 약식 보고서에 필요한 목간의 석문을 제공하기 위한 작업에 들어간다.

플라스틱 케이스 속 용액에 넣은 목간은 일정한 온도와 습도가 유지되는 목간 창고에 보존한다. 1년에 한 번씩 물을 갈아 주면서 그 모습을 살피고 관찰하며, 순번을 정해 목간의 보존 처리를 실행한다. 출토 당시 나무의 섬유소인 셀룰로이드cellulose 성분은 없어지고 수분 100퍼센트의 상태로 출토되기 때문에, 만약 건조하게 되면 목간의 형태는 순식간에 사라져버린다. 섬유소 대신 수지 폴리에틸렌글리콜(PEG: polyethylene glycol)을 수분과 치환해주면, 건조하더라도 형태를 유지할 수가 있다. 30, 50, 80, 100퍼센트의 폴리에틸렌글리콜 용액에 담가 치환하고, 저온에서 건조시키는 진공 동결 건조법이나 알코올에틸법 등에 의해 건조시키는 보존 처리를 한다.

이러한 일본의 목간 보존 처리 기술은 전 세계적으로도 안정적이라는 평가를 받고 있다. 처리를 마친 헤이조큐 목간은 이미 중요 문화재로 지정돼 있다.

목간을 연구할 때는 목간의 문자에만 주목하는 것이 아니라, 출토 상황이나 형태 등, 목간 그 자체의 고고학적 유물로서의 존재에 주목해 조사하는 것이 중요하다. 목간의 보고서를 살필 경우에는 해설 편의 석문만이 아니라 사진판의 정식 보고서를 보거나, 출토 상황이나 형태에 대한 정보를 파악하는 일에 힘쓸 필요가 있다.

『헤이조큐 목간』과 『헤이조쿄 목간』 등의 두터운 보고서 외에도 가노 히사시狩野久의 『목간』(지문당至文堂 간행), 목간학회에서 펴낸 『일본고대목간선日本古代木簡選』(이와나미岩波서점 간행)과 『일본고대목간집성

日本古代木簡集成』(도쿄대학출판회 간행), 오키모리 다쿠야沖森卓也·사토 마코토佐藤信의 『상대목간자료집성上代木簡資料集成』(오후おうふう 간행) 등의 목간 사진집이 있고, 일본목간학회가 엮어내는 연간지인 『목간연구木簡研究』에는 매년 각지의 유적에서 출토한 목간들이 소개되고 있다. 또 나라문화재연구소 홈페이지[14]의 목간 데이터베이스에는 전국에서 출토된 목간의 석문과 사진 등이 공개돼 있다. 이를 '목간 자전字典'의 항목과 함께 살펴본다면 많은 도움이 되리라 생각한다.

---

14 http://www.nabunken.go.jp

제2장 헤이조큐와 헤이조쿄

1. 헤이조큐의 재발견과 보존

특별사적特別事跡이면서 1998년 유네스코 세계문화유산으로도 등록된 헤이조큐 유적平城宮跡의 재발견은 건축사가인 세키노 다다시關野貞 (1868~1935)에 의한 제2차 다이고쿠덴大極殿[1] 복원로부터 시작된다. 그 이전 고대로부터 긴 세월 동안 논으로 덮여 있던 헤이조큐 유적을 현지에서 처음 조사하고 확인한 사람은 에도江戸 시대 쓰津 지역(현재 미에 三重 현 쓰津 시) 도도藤堂 번藩의 관할 범위인 나라奈良를 담당한 기타우라 사다마루北浦定政(1817~1871)였다. 헤이조큐 유적 보존의 단서는 세키노의 재발견을 계기로, 20세기 초 나라 지역의 민간인 유지였던 다나다 가쥬로棚田嘉十郎와 미조베 분시로溝辺文四郎가 진행한, 문자 그대로 목숨을 건 노력에 의한 것이었다.

이때 보존과 현창의 노력은 1894년의 헤이안平安 천도 1100년제

---

1 고대 일본 조정의 정전으로 즉위 의례와 국가적 의식이 행해진 장소이다. '다이고쿠덴'은 만물의 근원이며 하늘의 중심을 의미하는 '태극太極'에서 유래한다.

헤이조큐 다이코쿠덴(복원)

를 본떠서, 헤이조平城 천도 1200년 기념을 목표로 했다. 헤이안 천도 1100년 기념사업에서는 이토 추타伊東忠太(1867~1954)의 설계로 헤이 안큐平安宮의 다이고쿠덴과 응천문応天門이 복원되고, 교토 근교에 헤 이안 신궁神宮이 건설된 것 외에도, 다이고쿠덴 유적大極殿跡이나 나성 문 유적羅城門跡에 역사공원이 조성되기도 했으며, 지금까지도 기본적 인 연구 문헌으로 참조되는 두툼한 볼륨의『헤이안통지平安通志』가 편 찬되기도 했다.

메이지明治 유신 시기 교토에 대한 배려가 존재하던 헤이안쿄平安 京의 현창 사업에 비할 때, 헤이조쿄의 현창 사업은 어려움이 많았다. 그러나 결국 헤이조큐 유적 중심부에 해당하는 토지를 구입하고 정 비는 시작됐으며, 마침내 이를 국가에 기부한 일은 헤이조큐 유적 보 존 운동의 선구가 됐다. 천도 1200년 기념을 목표로 한 다나다와 미조 베의 노력이 지금의 헤이조큐 유적의 출발점이 된다는 사실은 아무리 강조해도 지나치지 않다.

하지만 1922년에 국가 지정 사적, 1952년에는 특별사적으로 지정 된 후, 나라문화재연구소에 의한 조사가 이뤄지고 나서도 지정지는 헤이조큐 유적 일부에 그치는 등 전면적인 보존 측면에서 헤이안큐 와 차이가 컸다. 헤이조큐 유적에 관해서는 철도회사인 긴테쓰近鐵의 차량기지 건설 문제와 국도 우회로가 헤이조큐의 동쪽으로 확장된 구 역인 동원東院을 통과하는 문제 등 보존을 둘러싼 과제가 산적해 있었 다. 그때마다 연구자들과 관계자들의 노력은 물론, 국민적인 보존 운 동이 전개돼 사적 지정지가 확대되고, 120헥타르에 가까운 헤이조큐 유적 전역이 대부분 보존되게 된 것 역시 잊어서는 안 될 것이다.

이렇게 약 50년에 걸쳐 매일같이 계속돼온 유적·유물 조사와 그 연구 성과에 힘입어, 8세기 동아시아 고대 왕궁의 전모가 서서히 드러나고, 현재 헤이조큐 유적의 역사적 가치는 확실해졌다. 덧붙여 나라문화재연구소를 시작으로 현립 나라가시와라奈良橿原 고고학연구소, 나라 시, 야마토고리야마大和郡山 시에 의한 헤이조큐 유적의 정밀한 발굴 조사도 이어지고 있다. 이로써 고대 도시 헤이조쿄에 대해 세계적으로도 뛰어난 연구 성과들이 다수 축적됐고, 목간의 발견과 고대 도시의 실상에 관한 성과 위에 일본 고대사 연구는 큰 진전을 이루게 됐다.

　최근에는 사적 보존을 위한 발굴 조사와 연구 성과에 힘입어 제1차 다이고쿠덴, 주작문, 동원의 정원과 연못인 원지園池를 중심으로 정원과 건물군 등이 고대의 모습 그대로 되살아나 원래의 크기로 복원됐다. 또한 유구를 성토하고 잔디를 심어 구획을 나누었으며, 나무를 심어 기둥의 위치를 알기 쉽게 표현하는 등 사적들이 체계적으로 정비됐다. 조사 성과와 출토 유물들을 전시하는 헤이조큐 유적 자료관과 조사 현장을 그대로 체감해볼 수 있는 유구 전시관도 설치됐으며, 보다 입체적인 헤이조큐 유적 이해를 위해 여러 가지 시도들이 이뤄지고 있다. 앞으로도 많은 사람들에게 현지 사적 그대로의 문화유산과 나라의 역사적 경관을 체험할 수 있게 하고, 헤이조큐·헤이조쿄의 역사적인 의의를 이해시킬 수 있는 기회가 늘어날 것이다.

2. 발굴 조사를 통해 본 고대 도시

(1) 고대 도시의 특징

일본 고대의 궁도 건설은 중앙집권적인 고대 국가의 형성에 수반돼
진행됐다. 중국의 도성을 본뜬 본격적인 궁도로서 후지와라쿄藤原京
(694~710)[2]가 가진 역사적 특질이 헤이조쿄(710~784)에도 계승됐다.
첫 번째, 겐메이元明 · 겐쇼元正 · 쇼무聖武 · 고켄孝謙 · 준닌淳仁 · 쇼토
쿠稱德 · 고닌光仁 · 간무桓武 등 대대의 천황이 거하는 '영속하는 도읍'
이 된 것. 두 번째, 조방제條坊制를 가진 도읍지에 택지를 갖는 황족과
귀족들을 집주시킨 것. 세 번째, 다이고쿠덴, 조당원朝堂院 등의 건물
이 대륙풍의 초석 위에 기와로 덮인 건축인 점 등이다.

헤이조쿄에서 쇼무 천황이 즉위한 때에 해당하는, 『속일본기』진
키神龜 원년(724) 11월 갑자 조에는 다음과 같은 기사가 있다.

> "상고上古는 순박해 겨울은 구덩이에 살며, 여름은 우리에서 산다. 후세
> 의 성인이 대대로 궁실을 만들었다. 게이시京師(수도)가 있어 제왕이 사
> 는 곳으로 한다. 만국이 조하하는 이곳이 장려壯麗하지 않다면 무엇으
> 로 덕을 나타낼 수 있단 말인가."

---

2 아스카쿄飛鳥京의 서북쪽. 야마토 국大和國에 위치해 있었던 고대 일본의 수도. 구체적
으로 오늘날의 나라奈良 현 가시하라橿原 시에 해당한다. 일본 역사상 최초로 계획된 도
시 계획으로서의 조방제條坊制를 도입한 본격적인 당나라풍의 도성이라는 점에서 의의
가 있으며, 중국의 『주례周禮』에서 서술한 사상을 체현한 것으로 알려져 있다.

이처럼 외국 사절과 변경의 백성 그리고 지배하는 지방 호족과 민중에 대해, 궁도는 군주의 덕과 지배의 정당성을 나타내기 위해 장려한 것이 되지 않으면 안 됐다. '신이 만들었다'고 생각할 만큼 거대하고 화려한 까닭은 중앙집권적 국가 지배를 확실히 하기 위한 것이었으며, 지배 도구라는 기능을 담당하는 데 필요한 것이었다. 대외적으로도 고대 국가 일본이 동아시아에서 '소중화제국小中華帝國'을 목표로 의식한 것과 대응한다.

(2) 헤이조쿄

현재 나라 시에 위치한 헤이조쿄와 헤이조큐 유적은 나가오카쿄長岡京, 헤이안쿄平安京로의 천도 후 지하에서 잘 보존돼 현재에 이르고 있다. 중세 이후 나라는 고후쿠지興福寺와 도다이지東大寺 등이 위치한 헤이조쿄 동쪽 끝부분 정도만 대사원의 몬젠마치門前町[3]로서 전개된 반면, 헤이조쿄의 대부분은 논이 된 채로 근대까지 전해지고 있었기 때문이다.

헤이조쿄의 남쪽 정문인 나성문에서 수도의 북쪽에 위치한 헤이조큐의 정문 주작문까지 직선으로 연결된 폭 74미터의 메인 도로가 주작대로이다. 중국의 도성과 달리 헤이조쿄에는 경역의 주위를 둘러싼 나성의 성벽은 없었다고 전해지지만, 주작대로의 양측만은 높은 담으

---

3 유력한 사원이나 신사의 주변에 형성된 마을을 이른다. 많은 참배자가 모여드는 사원이나 신사 주변에 종교 관계자는 물론이고 참배객을 상대로 하는 상공업자가 모여 경제적 중심지로 기능했다.

로 둘러싸여 있었고, 가로수로 버드나무 등이 심어져 있었다. 주작대로의 장관은 외국 사절 등에 대한 배려였으며, 궁도 그 자체로도 하나의 의례 공간이었음을 의미한다.

헤이조쿄의 인구는 10만 명 정도였다. 그중 5위 이상의 귀족은 8세기 초반까지 100명 정도에 지나지 않았다. 관인官人 중 압도적 다수를 차지하는 하급 관인의 숫자는 1만 명에 조금 못 미치는 수준이었을 것으로 추정되며, 그 가족들도 꽤 많은 숫자에 달했을 것이다. 일반적으로 수도에 거주하는 사람들을 포함한 주민의 대다수는 어떤 형태로든 관사와 귀족 사원 등에 의존하면서 생활했을 것이다. 참고로 8세기 율령국가 영역의 인구는 약 450만 명으로 추정된다.

사료들과 발굴 조사의 성과로부터 파악되는 헤이조쿄 주민의 분포 상황을 보면, 헤이조큐에 가까운 5조대로의 이북에 넓은 면적을 차지한 귀족들의 저택이 연립했고, 궁에서 먼 8조·9조대로 근방에는 하급 관리들이 사는 작은 면적의 집들이 모여 분포하고 있었다. 귀족들의 저택은 조방의 '평坪'[4]을 단위로 해, 1평 이상의 넓은 면적을 확보하고 있었고, 다수의 건물 군이 정연히 배치돼 있었다.

좌경左京 3조條 2방坊의 4개 평을 차지하는 광대한 규모의 나가야오長屋王 저택은 발굴 조사에 의해 몇 개의 구획으로 나누어지면서, 공적 공간·생활공간·가정家政 기관의 공간 등으로 이뤄졌다는 것이 밝혀졌다. 여기서 4만 점에 가까운 나가야오케長屋王家 목간이 출토됐다. 이를 통해 왕가의 우아한 일상생활, 여러 지방에 영향을 끼쳤던 경제

---

4 대로大路로 둘러싸인 1구획을 16개의 소로小路로 분할한 것.

적 기반 그리고 저택에서 일했던 다양한 직종의 사람들의 실태가 구체적으로 파악됐다.

한편, 다수를 차지했던 하급 관인들의 주거지는 궁으로부터 먼 곳에 1평의 16분의 1, 32분의 1, 64분의 1정도의 규모로 만들어져 있었다. 흔적을 별로 남기지 않는 담과 같은 구획 속에 2~3동의 소규모 굴립주堀立柱[5] 건물과 우물이 한 세트처럼 돼 있었다.

헤이조큐 시대의 문화는 쇼소인 보물에서 보여지듯 궁정 문화와 사원 중심의 불교문화가 함께 꽃을 피웠다. 나중에 '남도南都 7대사大寺'라 불리는 도다이지東大寺, 고후쿠지興福寺, 간고지元興寺, 다이안지大安寺, 야쿠시지藥師寺, 사이다이지西大寺, 호류지法隆寺 등 국가적 차원에서 운영된 대사원은 고문서, 경전 등의 문자 사료뿐만 아니라 가람 건축, 창고 등의 건조물과 불상, 불구 등의 미술 공예품, 그리고 땅속에 묻힌 유적, 유물 등 다양한 고대의 문화재를 오늘날까지 전하고 있다. 고대의 흔적으로서 국가 불교를 체현하는 이들 '대사大寺'가 고대 사회에서 차지하는 비중이 크다는 사실을 잘 보여준다.

다음에는 나라 시대 국가적 사원들의 불교문화 양상을 보고자 한다. 쇼무聖武 천황에 의해 대불大佛을 본존本尊으로 삼아 창건된 도다이지에는 나라 시대로 거슬러 올라가는 문화재가 많이 전해지고 있다. 쇼소인 보물도 칙봉勅封[6]이지만, 원래는 도다이지에 전해지고 있었다.

---

5 땅을 파서 구멍을 만들고, 그 구멍에다가 세운 기둥을 이르는데 건물의 기초가 된다.

6 천황의 명령에 의해 봉인된 것으로, 봉인을 해제하는 데는 다시 천황의 명령이 있어야만 했다.

도다이지의 삼월당三月堂(법화당)은 도다이지의 창건과 조영에 진력한 승려 료벤良辯이 창건했다. 삼월당은 나라 시대의 정당正堂에 가마쿠라 시대의 예당禮堂이 부속하고 있는데, 웅장하고 아름다운 조형미를 드러내고 있다. 당내에는 본존인 건칠상建漆像의 불공견색관음不空羂索觀音을 중심으로, 소상塑像의 일광보살日光菩薩, 월광보살月光菩薩, 건칠상의 범천梵天, 제석천帝釋天, 그리고 사천왕상(지국천持國天, 증장천增長天, 광목천廣目天, 다문천多聞天) 등 나라 시대의 불상 군이 연립해, 덴표天平 시대[7]의 불교 공간을 느낄 수 있는 장으로 이뤄져 있다. 또 다른 건축으로는 쇼소인 보물창고와 전할문轉害門 등이 나라 시대의 모습 그대로 지금도 남아 있다.

고후쿠지는 후지와라藤原 씨의 성씨 사찰이고 동시에 천황과 황후들의 신앙을 받은 국가적인 관대사官大寺이기도 했다. 중금당中金堂과 원래의 위치를 답습한 무로마치室町 시대의 건축이 서 있는 동금당東金堂과 오층탑 등으로부터 기단의 규모를 확인할 수 있다. 식당食堂 위치인 국보관에는 다수의 불상 등 많은 문화재가 전시돼 있다. 덴표 시대의 고묘 황후光明皇后가 어머니를 공양하기 위해 세운 서금당西金堂은 현재 기단만 흔적으로 남아 있지만, 당시 당내에 배열돼 있던 불상 군은 국보관에서 볼 수가 있다. 건칠상의 아수라阿修羅 등 8부중상과 석가의 아들이며 제자인 라고라羅睺羅 등의 16제자상이 유명하다. 도다이지와 고후쿠지는 종종 전화나 화재를 겪었지만, 불상 등 문화재들은 그때마다 승려나 많은 사람들의 손을 거쳐 지켜져온 것이다.

---

7 나라 시대의 대표적 시기를 쇼무聖武 천황 때라고 보는데, 쇼무의 연호가 덴표天平이기에 나라 시기의 문화를 보통 덴표 문화라 한다.

쇼소인

도다이지 대불전

도다이지의 전할문

삼월당

고후쿠지의 동금당과 오층탑

야쿠시지의 동탑

야쿠시지는 '세련된 음악' 같다는 고대의 동탑東塔 외에도 금당과 서탑, 중문과 회랑 등 중심 가람의 건물들이 복원·정비되고 있다. 이로써 그 옛날 파랑색과 빨강색이 어울려 화려했을 가람 건축 군의 모습을 상상해볼 수 있다.

이렇게 세계문화유산에도 등재된, 나라 시대의 사원들이 전하는 다양한 문화재를 볼 때마다 이제 역사학의 관점만이 아니라 건축사·미술사·고고학·불교사 등 다각적인 시점에서 입체적으로 감상해야 할 필요를 느낀다.

(3) 헤이조큐

헤이조큐는 헤이조쿄의 북부 중앙에 위치하고 있으며, 1킬로미터 사방과 동쪽으로 삐져나온 동원東院의 일부를 합해 약 120헥타르의 면적이다. 헤이조쿄의 중심부에 천황의 생활공간인 다이리內裏와 정무와 의식의 장인 중앙구中央區, 그리고 동구東區에 두 개의 다이고쿠덴과 조당원朝堂院이 있고, 이외에 2관 8성의 각 관청이 배치돼 있다. 궁의 유적은 대부분이 국유지이고, 나라문화재연구소가 오랜 기간에 걸쳐 발굴 조사를 하고 있으며, 궁내의 모습은 상세하고 분명하게 드러나 있다.

1961년 나라문화재연구소의 헤이조큐 유적 발굴 조사로 일본에서 처음으로 목간이 발견됐다. 동시대 사료이자, 일상적인 사료이며, 지방의 사료이기도 한 목간의 출현에 의해 일본 고대사의 가능성은 무한하게 넓어졌다고 해도 좋을 것이다. 이후 전국적으로 산재한 유적

헤이조큐의 주작문(복원)

헤이조큐의 동원 정원

들에서 목간의 출토가 이어져, 그 수효는 이미 40만 점에 이르고 있다. 단순히 양적인 측면에서뿐 아니라, 나가야오케長屋王家 목간처럼 질적으로도 중요한 목간이 출토되고 있기에, 현재 일본 고대사를 연구하는 데 있어 목간은 필수불가결한 사료가 되고 있다. 이중에서도 특히 헤이조큐 유적에서 출토된 목간이 상당 부분의 비중을 차지하고 있으므로, 헤이조큐 목간의 역사적 의의는 매우 크다고 할 수 있다.

헤이조큐의 사방은 기둥과 기와지붕이 있는 담과 그 바깥의 호濠에 의해 둘러싸여 있으며, 그 남쪽 중앙엔 정문인 주작문朱雀門이 세워져 있다. 주작문은 발굴 조사와 건축 연구의 성과를 근거로 당시와 똑같은 공법과 소재를 활용해 현재 2층 구조의 멋진 건축물로 재현됐다.

다이고쿠덴과 조당원은 주작문이 들어선 곳에 있는 중앙구와 주작문 동쪽의 임생문壬生門이 들어선 곳인 동구, 이렇게 두 구획이 있다. 중앙구의 다이고쿠덴 · 조당원은 동쪽 정원의 광장을 둘러싸고 12개의 조당이 연립한 조당원이며, 정무와 의식의 장이었다고 생각된다. 애당초 굴립주 건물인 조당군이었지만, 점차 높은 기단 위에 선 초석과 기와지붕으로 된 대륙풍의 건축군으로 바뀌었다.

다이리는 동구 다이고쿠덴의 바로 북쪽에 위치해, 천황이 이곳에서 다이고쿠덴으로 행차하기 쉬운 배치로 돼 있다. 다이리의 건물군은 다이고쿠덴의 조당과는 달리 전통적인 굴립주 건물의 건축 공법을 고수하고 있다. 다른 관청들의 구조를 살펴보면, 나라 시대 후기에 임생문이 들어선 동쪽과 서쪽에 배치돼 있던 식부성式部省 · 병부성兵部省의 모습이 분명해졌으며, 궁내성宮內省의 복원 건물군도 당시의 관청의 모습을 재현해주고 있다.

또한 궁내에는 동원의 남단에 있는 동원 정원처럼 우미한 원지를 가진 놀이 시설도 있다. 이 동원 정원의 원지와 건물군도 발굴 성과를 토대로 정비 · 복원되고 있다. 동원의 정원에는 『속일본기』에 '옥전玉殿'이라고 기록된, 유약을 칠한 기와를 지붕 위에 올린 아름다운 건축물도 세워지고 있다. 발굴 조사의 성과를 이어받아 당시 건물들과 연못 등을 대중에게 시각적으로 알기 쉽게 공개하기 위해, 유적 보전에 힘쓰며 동시에 건물 등의 복원이 진행되고 있다.

제2부

목간과 고대 일본의 생활상

제3장 한자 문화의 수용과 목간

1. 한자 문화의 수용과 일본 고대 국가

중국의 한자 문화가 한반도를 경유해 일본 열도로 건너가는 과정에서
종이와 나무를 병용하는 서사 방법이 전래됐고, 그 와중에 종이와 함
께 목간을 사용하는 서사 체계 역시 수용됐다. 애당초 중국과 긴밀한
관계가 유지될 때에는『한서』「지리지」,『후한서』「동이전」,『삼국지』
「위서동이전」왜인조 등에서 보이듯 외교적 교섭이 이뤄졌고,『송서』
「왜국전」에서 보이듯 왜왕으로부터 송의 황제에게 보내진 상표문上表
文이 사용되기도 했다.

　외교 무대에서 이렇게 한자 문화가 확인되는 장면에서는 어김없
이 한반도 도래인渡來人이 왜 왕권 밑에서 한자나 한문 전문가인 '후미
히토フミヒト'로서 활약하고 있었다. 『일본서기』에서 보이듯, 왕인王仁
에 의해 백제에서 일본으로 한자와 유교가 전파될 수 있었던 데에는
이처럼 4세기부터 있어온 도래인에 의한 한자 문화의 보급이 큰 역할
을 했다. 이렇게 한자 문화의 상당 부분을 도래인에게 의존해야 했던

4세기 무렵과 이후 한자를 체득한 다수의 하급 관인이 활동하던 고대 율령국가 시기 사이에는 문화 수용의 측면에서 커다란 진전이 있었다고 보아야 할 것이다.

또한 고대 일본의 한자 문화 수용과 학습에 대해서는 일찍이 중앙의 대학大學과 지방의 국학國學이라는 교육제도 차원의 논의가 있어 왔다. 하지만 이제는 이미 40만 점에 이르는 많은 양의 목간을 위시해, 금석문金石文, 묵서墨書 토기, 문자 기와文字瓦 등 출토 문자 자료의 전국적인 출현이라는 상황을 받아들여 새롭게 검토하지 않으면 안 된다.

왜의 천황 권력 하에서는 도래계 사람들이 문필 능력을 갖추고 왕권의 문서 사무를 담당했지만, 일본 율령국가가 중국을 배워 중앙과 지방에서 중앙집권적인 관료제 운용을 위한 문서주의를 도입한 이후에는, 중앙 관사뿐만 아니라 지방의 국부國府(국아國衙), 군가郡家(군아郡衙) 등에까지 한자 문화는 훨씬 광범위하게 퍼졌다. 이렇게 한자와 한문을 읽고 쓰는 능력과 중국적 유교 교양을 익힌 관인, 특히 하급 관인들이 중앙과 지방에 다수 존재하지 않았다면, 중앙집권적인 국가 운영과 지방에서의 조세 징수는 애당초 불가능했을 것이다.

한자가 관인, 특히 하급 관인들의 임관에 필수적인 채용 조건이 됨에 따라 한자 문화는 국부와 군가 등 지방 관아를 중심으로 지역 사회로 점차 침투해 들어갔다. 이는 지방 관아 유적 주변에서 출토 문자 자료가 발견되는 것으로도 확인된다.

최근에는 일본 열도 각지의 지방 관아 유적에서 출토되는 목간들에 의해, 7세기 지방 호족들의 적극적인 한자 문화 수용 양상까지도

왕인
고훈시대에 활약한 백제의 학자이다. 유학을 일본에 전해 일본의 문화 발전을 이
끌었다. 우리나라 역사에는 기록이 남아 있지 않고 오직 일본사서에만 기록되어
있는 인물이다. 이 그림은 『전현고식煎賢故(권1)이란 전기집에 실려 있다.

구체적으로 드러나고 있다. 이를 통해 지방 호족들도 주체적으로 한자 문화를 수용하고 있었음이 밝혀졌다. 7세기 후반, 비교적 단기간에 일본 율령국가가 성립된 근거로 이러한 동향을 파악하는 것은 필수적이다.

또한 이 시기 일본 열도의 한자 문화의 수용과 전개는 단순히 문자 문화의 수입에만 그치는 게 아니었다. 불교, 유교, 율령 법제, 예제禮制와 선진적인 기술 체계, 그리고 다양한 문물 등이 혼연일체가 된 선진 문화를 수용했다고 보는 것이 보다 정확하다. 한자 문화 수용과 전개가 동아시아 제국과의 관계와 교류라는 국제적 계기로 일본의 고대 국가 형성에 지극히 중요한 역할을 담당했다고 한 이시모다 쇼石母田正(1922~1986)[1]의 지적은 여기에 부합한다.

이제 7세기 후반과 8세기 전반에 걸쳐 고대 일본의 천황과 귀족 그리고 지방 호족들이 어떠한 형태로 법률 제도, 예제, 불교, 유교 등 선진적인 문화를 동아시아 제국으로부터 수용하고 발전시켰는지를 출토 문자 자료들을 토대로 살펴보기로 하자.

2. 7세기 지방 호족의 한자 문화 수용

현재 일본 최고 목간의 연대는 7세기 전반으로 거슬러 올라간다. 후지와라큐藤原宮 목간은 694년에서 710년에 걸친 기간 중 도읍이었던

---

1 홋카이도北海道 출생의 사학자로 전공은 일본고대사와 일본중세사. 유물사관의 관점에서 많은 저작을 발표, 전후의 역사학에 큰 영향을 미쳤다.

후지와라큐 유적(나라 현 가시하라橿原 시)에서 출토됐기 때문에, 다이호
大寶 율령²의 성립기에 해당하는, 진정한 율령제 확립기의 생생한 기
록이라고 할 수 있다.

그보다 훨씬 이전인 덴무天武 천황 시대의 아스카이케飛鳥池 유적(나
라 현 아스카明日香 촌)과 각지의 유적에서도 7세기의 목간이 출토되는 사
례가 늘고 있다. 『일본서기』가 720년에 편찬된 것에 견주어 후지와라
큐 목간 등이 그 이전 시대의 자료인 점이 이 목간들의 큰 의의라고 할
수 있겠다. 즉, 일본 고대 국가의 여러 제도가 형성되는 과정이 7세기
목간들에 의해 재구성될 수 있는 것이다.

그 유명한 '다이카노 가이신大化改新'³을 둘러싼 '군평郡評 논쟁'(제1
장 주7 참조)으로 지방 행정 구역의 '고리コホリ' 표기가 아스카노 기요
미하라료飛鳥淨御原令 하의 '평評'에서 다이호 령의 '군郡'으로 고쳐지
고, 또한 여러 지방에 일제히 실시됐다는 사실이 밝혀지게 됐는데, 그
것을 증명한 것이 바로 후지와라큐 목간이었다. 7세기 목간에 의해

---

2 당나라의 영휘 율령(永徽律令, 651년 제정)을 참고한 것으로, 8세기 초에 제정된 일본 역
사상 최초의 본격적인 율령이다. 이 율령의 반포 및 시행으로, 고대 일본은 본격적인 율
령제 국가로 들어서게 된다. 우선 일본 천황을 정점으로 2관 8성(다이조칸太政官·진기
칸神祇官의 2관, 나카쓰카사中務·시키부式部·지부治部·민부民部·효부兵部·교부
刑部·다이조大藏·구나이宮內의 8성)의 관료 기구를 기본 골격으로 하는 본격적인 중
앙 집권 통치 체제가 성립됐으며, 관청에서 사용하는 문서에는 연호를 사용하고, 인감을
찍고, 정해진 형식에 따라 작성된 문서 이외에는 수리하지 않는 등, 문서와 수속의 형식
을 중시한 문서주의가 도입됐다. 지방 행정 체제에 대해서는, 구니国·군郡·리里 등의
단위가 정해지고, 중앙 정부에서 파견되는 국사国司에게 막대한 권한을 부여하는 한편,
주로 지방 호족이 차지하고 있던 군사郡司에게도 일정한 권한을 인정했다.
3 7세기 중엽에 일본에서 중국의 율령제를 본떠 중앙집권적 정치 체제를 구축하기 위해 이
뤄진 정치 개혁.

『일본서기』의 사료 비판이 진척된 것이다.

목간은 중앙의 궁도 유적뿐만 아니라 지방의 관아 유적에서도 출토되고 있으며, 그 유적의 수와 발견된 목간 수도 급증하고 있다. 이렇게 지방 유적에서 출토된 목간들은 중앙과 국가의 입장에 중심을 두고 편찬된 문헌 사료에서는 보이지 않던, 각 지역의 고대사를 명백하게 밝혀낼 수 있는 생생한 역사 자료라는 점에서 귀중하다.

도쿠시마德島 현 도쿠시마 시의 간논지觀音寺 유적에서는 7세기 중반 경으로 거슬러 올라가는, 『논어』를 기재한 목간이 출토되고 있다. 이 유적은 아와阿波의 지방관인 구니쓰코國造의 본거지에 접하는 곳으로, 율령제적인 국가가 제대로 성립하기 이전부터 아와 지방의 지방 호족이던 구니쓰코 씨족이 한자 문화와 유교를 적극적으로 수용하고 있었음을 보여주고 있다.

나가노長野 현 치쿠마千曲 시의 야시로屋代 유적에서도 7세기 덴치天智 천황 시절로 올라가는 오래된 목간과 8세기 초에 걸쳐 『논어』를 습사한 목간이 출토되고 있다. 여기서도 야시로를 본거지로 한 시나노科野(信濃) 구니쓰코의 씨족이 7세기부터 한자 문화와 유교를 수용하고 있었음을 알 수 있다.

또한 니아가타新潟 현 나가오카長岡 시의 하치만바야시八幡林 관아 유적에서는 8세기 초부터 군사郡司(大領) 앞으로 보낸 기재가 있는 봉함封緘 목간이 많이 출토되고 있다. 이 봉함 목간은 지방 호족인 군사보다 하급 계층의 사람들이 종이 문서를 군사에게 보내던 것으로, 한자 문화가 상상 이상으로 지역 사회로 침투되고 있었음을 잘 설명해준다. 이렇게 지방 호족이 중심이 된 한자 문화와 유교 수용이 배경에 있었기에, 중앙과 지방에서 방대한 하급 관인을 중심으로 하는 율령 관료제가 7세기 후반 단기간에 형성될 수 있었으며, 중앙집권적인 국가 조직이 확립됐다고 볼 수 있는 것이다.

(1) 아와 구니쓰코 씨족과 한자 문화

간논지 유적(도쿠시마 현 도쿠시마 시)은 8세기에 아와 국阿波國의 국부國府가 있던 자리에 있으며, 고분 시대 이래로 아와 구니쓰코 씨족의 본거지에 접한 유적이다. 바로 서쪽에는 금석문이 쓰인 '아와구니쓰코비阿波國造碑'가 있다.

〔子曰學而習時不孤…〕목간

〔…椿ッ婆木…〕목간

〔奈尒波ッ…〕목간

〔子曰學而習時不孤…〕목간의 상부

간논지 유적에서는 7세기 2/4분기로 올라가는 예서隷書풍으로 쓰인 『논어』「학이편」의 습서 목간을 위시해, 연습용으로 쓰인 '나니와쓰難波津의 노래'의 습서 목간, 만요가나萬葉假名[4]로 훈을 표시한 '자서字書'를 쓴 목간 등이 출토돼 주목을 받았다.

간논지 유적 출토 목간

◇ (앞) 子曰 學而習時不孤□乎自朋遠方來亦時樂乎人不□亦不溫 (좌측면)

(다른 면 생략)   길이(653미리) 폭(25) 두께(14) 065형식

◇ 奈尓

奈尓波ツ尓昨久矢己乃波奈//   길이(160) 폭(43) 두께(6) 019형식

◇ (앞) //安子□比乃木

    //少司椿ツ波木

(뒤) 近///□　マ□   길이(79) 폭(31) 두께(6) 081형식

7세기 2/4분기의 『논어』 습서 목간은 현재 기나이畿內[5] 지방을 통틀어 가장 오래된 『논어』 기재의 사례이다. 줄기 모양의 목재에 사면을 다듬어 기재하는 형태와 예서풍의 필체는 중국의 옛 목간과 상통한다. 이는 8세기 목간과는 다른 형태를 잘 보여주고 있는데, 『논어』「학이편」의 전체 문장인 "공자가 이르기를, 배우고 때로 이를 익히면 또한 기쁘지 아니한가. 친구가 멀리서 찾아오면 또한 기쁘지 아니한

---

4 일본 가나假名 문자의 하나. 7세기 무렵에 한자의 음音과 훈訓을 빌려 고대 일본어를 표기하기 위한 음절문자로 성립했다.

5 제1장 주13 참조.

가. 다른 사람이 나를 알아주지 않는다 해도 걱정할 필요는 없는 것이다. 이것이 바로 군자인 것을"로 시작하는 장문의 습서 목간이다. 아마도 옛 서풍의 『논어』를 보면서 기재했을 것이다.

'나니와쓰難波津의 노래'(나니와에 피는 이 꽃은 겨울에 잠자다가 봄이 되니 피는구나)는 『고금화가집古今和歌集』서문에 기노 쓰라유키紀貫之가 "글씨 쓰는 사람이 처음에 쓰는" 것이라고 소개했듯이, 문자를 습득하기 위해 연습할 때 습서한 와카和歌[6]이다. '나니와쓰의 노래'를 만요가나로 습서한 목간도 각지에서 다수 출토됨으로써 연습용 초학의 견본으로 광범위하게 사용됐음을 알 수 있다. 이 목간은 바로 그중 하나일 것이다.

사전 구실을 하는 자서字書 목간은 '동백椿(일본어 음으로 쓰바키)'이라는 큰 글자에 이어 작은 글자로 '쓰바키ッ婆木'처럼 만요가나로 기재한 한자의 훈을 쓰고 있다. 한자 문화의 학습 면에서 이러한 자서는 필수적이었을 것이다.

이로써 율령적 '지방國'의 형성 이전에, 이른바 '다이카노 가이신' 보다 앞선 7세기 전반부터 아와의 지방 호족들이 적극적으로 한자 문화와 유교를 도입하고 있었다는 사실을 유추해볼 수가 있다. 왜국의 천황 권력을 매개하지 않고서도 세토나이카이瀨戸內海[7] 경유를 통해 중국 대륙과 한반도로부터 정보를 입수하고 그곳과 밀접히 연결될 수 있었던 셈이다.

---

6 '야마토우타大和歌', 즉 '일본의 노래'의 준말로서, 사계절과 남녀 간의 사랑을 주로 노래한 5·7·5·7·7의 31자로 된 정형시이다.
7 일본에서 가장 큰 섬인 혼슈와 그 밑의 규슈, 시코쿠 사이에 둘러싸여 있는 바다.

(2) 시나노 구니쓰코 씨족과 한자 문화

동국東國인 시나노科野(信濃) 국의 야시로屋代 유적군(나가노長野 현 치쿠마千曲 시)은 치쿠마 강이 크게 활처럼 휘면서 흐름을 변환시키는 분지 오른쪽 기슭의 자연 제방에 위치해, 하천 교통과 육상 교통의 요충지에 해당한다. 가까운 곳에 모리森 장군총 고분 등 유력자의 고분이 위치해 있고, 시나노 국의 하니시나埴科 군과도 가까워 시나노 국 구니쓰코의 본거지 유적인 셈이다. 이 유적에서도 7세기의 덴치 천황의 시대로 거슬러 가는 목간─주로 곡식을 빌릴 때 이자로 붙는 빚

〔他田舍人…〕 목간

〔戊戌…〕 목간

인 스이코出擧 관계로 생각되는 목간―과 8세기 초엽의 『논어』 습서 목간 등이 출토되고 있다. 역시 7세기 중반 이후 구니쓰코 계층의 지방 호족이 한자 문화와 유교 수용에 적극적이었음을 방증하는 사료다.

야시로 유적군 출토 목간

◇ (앞) 乙丑年十二月十日酒人

◇ (뒤) 〔他田舍人〕古麻呂

이 목간의 추정 연도는 을축년(덴치 4년), 즉 665년이다. '백촌강白村江 전투'[8]에서 패한 지 2년 뒤이며, '진신壬申의 난'[9]이 일어나기 전으로, 이때는 시나노 국에 아직 온전한 국부가 만들어지지 않은 상태였다.

필적이 다른 것처럼 보이는 '〔他田舍人〕' 부분 등은 가늘고 깨끗한 정서체의 서풍, 다시 말해 선진적인 '서울풍'의 필체라고 해도 좋을 것이다. 지방 호족의 자제가 중앙의 유력 왕족들의 시자가 돼 봉사하는 것을 '도네리舍人'라고 한다. 그렇다면 우지나氏名가 '〔他田舍人〕'에 보이는 것처럼, 기나이畿內 지역의 왕족과 호족들이 관계를 심화시켜 가고 있음을 알 수 있다. 이 배경에 바로 7세기 시나노의 지방 호족이 주체적으로 최첨단의 한자 문화를 도입한 사정이 있었을 것이다.

---

8 현재의 새만금 지역에서 벌어진 전투로, 나당연합군에 의해 멸망한 백제 잔존 세력은 당시 왜라고 불렸던 일본에 구원병을 요청한다. 그러자 왜는 3만에 가까운 대군을 보냈고, 무려 4백여 척의 전함까지 파견했다. 이 전투는 백제의 잔존 저항 세력과 왜의 연합군이 당에게 철저하게 패배하는 것으로 끝이 났고, 많은 백제 유민들이 왜로 망명했다.

9 672년 일어난 고대 일본 최대의 내란. 덴치 천황의 태자 오토모 황자에 맞서 황제皇弟 오아마 황자가 지방 호족들을 규합해 반기를 든 사건.

◇ (앞)　　○

戊戌○年八月二十日 酒人マ□荒馬□束酒人マ□□□束

(뒤)　　　　　[大]　　　　　　　酒人マ

○宍マ□□□□　　□□マ□マ　大麻呂 宍人マ万呂

○

이는 무술년, 즉 698년(문무文武 2)의 목간으로, 인명과 벼이삭의 속수가 기록된 것으로 볼 때, 가을 빚의 이자인 스이코의 수납 등에 관계된 목간으로 추정된다. 상단부에 작은 구멍이 뚫려 있고, 비슷한 목간이 이차적으로 묶이는 문서 목간의 형태로 나타난다. 또한 아스카노기요미하라飛鳥淨御原 영제에서 재정 문서의 작성과 처리 시스템이 시나노의 지방 호족에 도입된 것을 알 수 있다.

◇ 子曰學是不思

◇ (앞) 亦樂乎人不知而不慍

(뒤) ///

야시로 유적군에서도 관음사 유적과 같이 『논어』 「학이편」 앞부분의 습서 목간이 출토되고 있다. 출토 층위에서 같이 출토된 목간으로부터 지방 행정구획이 국·군·리 체제 시대(701~717)의 목간인 것을 알 수 있다. 이 『논어』 습서 목간도 8세기 초에 시나노의 지방 호족이 한자 문화와 함께 유교의 수용에 적극적으로 매달린 상황을 잘 보여준다.

(3) 나스 구니쓰코 씨족과 한자 문화

700년(몬무 4)에 건립된 석비인 나스那須 구니쓰코비(도치기栃木 현 오타와라大田原 시)는 동국의 시모쓰케下野 국 나스 군의 지방 호족인 나스 구니쓰코의 나스노 아타이이데那須直韋提가 지토持統 천황 시대이던 689년에 나스 평의 '평독評督'에 임명된 것을 강조하는 비문이다.

받침돌 위에 비신을 세우고 머릿돌을 씌우는 정리된 형태의 석비로서, 경질의 화강암에 극히 예리하게 각자된 기술과 중국 북조풍의 달필로 쓰인 한자와 유교 고전에 능통한 유려한 한문 등으로 구성돼 있다. 다고多胡 비(군마群馬 현 다카사키高崎 시), 다가조多賀城 비(미야기宮城 현 다가조 시)와 함께 일본 3대 옛 비석의 하나로 꼽히며, 일본 고대의 금석문 중 일품으로 알려져 있다.

나스 구니쓰코비

◇ 永昌元年己丑四月飛鳥淨御原大宮那須國造
　追大壹那須直韋提評督被賜歲次庚子年正月
　二壬子日辰節殄故意斯麻呂等立碑銘偲云尒(하략)

글머리는 11년 전 중국의 측천무후則天武后 시대에 불과 10개월간 사용된 단명의 원호를 사용해 '영창永昌 원년(689)'으로 기재되기 시작한다. 『일본서기』에 의하면, 7세기 후반 견당사 파견은 669년 파견 후 702년까지 약 30년간 공백의 시대를 맞이하는데, 그 기간 중에 영창의 원호가 들어 있다. 따라서 영창 원년의 정보는 당과의 직접 교류가 아니라, 이 시대에 교류가 활발했던 신라와의 통교에 의해 일본에 전해진 것이다.

비슷한 시기 시모쓰케에 관해서는 『일본서기』 지토 3년(689) 4월 경인조에 "귀화하는 신라인으로 하여금 시모쓰케노下毛野에 살게 하다"라고 돼 있고, 이듬해인 690년 8월 을묘조에도 "귀화하는 신라인으로 하여금 시모쓰케노에 살게 하다"라는 식으로 신라에서 도래한 사람들이 시모쓰케에 자주 '안치安置'되고 있다. 이렇게 도래인과의 교류를 매개로 나스의 구니쓰코 씨족은 원호와 비의 건립 방법, 비문의 구성 등 문화와 지식을 수용했다.

동국의 지방 호족들은 도래인들로부터 선진 문화를 적극적으로 수용하는 자세를 취하고 있었다. 대륙의 최신 지식이 동국 중에서도 내륙에 위치하는 나스의 구니쓰코 씨족들에게 매우 신속하게 수용된 일은 주목할 만하다.

시모쓰케 국 나스 군에는 나스 군가 유적(나스 관아 유적, 도치기栃木 현 나스군 나카가와那珂川 정)이 있다. 가까이에는 도쿠가와 미쓰쿠니德川光圀[10]에 의한 발굴과 사적 정비로 유명해진 상시총上侍塚 고분, 하시총下侍塚 고분이 있다. 이곳은 나스 구니쓰코의 씨족 묘라고 추측되고 있다. 또한 북방 500미터에는 7세기 후반에 창건된 정법사淨法寺라는 폐사 터가 존재하고 있어, 나스노 아타이씨가 일찍부터 불교를 수용한 모습

---

10 생몰년은 1628~1701년. 에도 시대 2대 미토 번주이자 유학자이다. 미토 고몬水戸黃門이라는 별칭으로 불리기도 한다. 유학과 역사학에 조예가 깊어 명나라 유학자 주순수朱舜水를 초빙해 가르침을 받았으며, 『대일본사大日本史』를 편찬하기도 했다. 그의 후원을 바탕으로 국수주의 색채를 띠는 미토학水戸學이 성장하게 된다.

도 알 수 있다.

7세기 후반에는 백제, 고구려, 신라에서 도래한 사람들이 동국에 다수 거주하게 된다. 예를 들면 무사시武蔵 국에는 신라군(니쿠라新座군), 고마高麗군 등 도래인 중심의 군이 설치된다. 도래인들 중에는 승려 등의 지식인 집단도 있었는데, 이들과 관동 지방의 호족 및 민중 사이에 다양하고 밀접한 교류가 있었음을 나스 구니쓰코비를 통해 알 수 있다. 여기서도 동국의 지방 호족들이 7세기 말 최신 외래문화인 한자 문화를 적극적으로 수용하고 있던 것이 확인된다.

이처럼 7세기의 일본 열도 각지의 지방 호족들은 다양한 경로를 통해 한자 문화와 유교, 불교, 선진 기술 등 동아시아의 선진 문화를 주체적이고 적극적으로 수용하려고 했다. 이러한 지방 호족들이 있었기 때문에 비로소 고대 일본의 율령국가가 7세기 후반 단기간에 걸쳐 중앙집권적인 관료조직을 지방에서까지 정비할 수 있었던 것이다.

3. 율령국가의 문서주의

중국의 율령제는 문서文書주의가 특징적이다. 광대한 제국의 영토를 황제가 일원적으로 통치하기 위해 문서에 의한 명령 전달, 정보 수집, 행정 처리를 실행함으로써 중앙집권화 실현하는 것이다. 중앙과 지방을 연결하는 관료 조직을 움직이는 도구로서 문서는 필수불가결한 장치였다. 서역의 실크로드를 연결하는 관문과 북방의 방어선인 만리장성의 봉수 등 변경에 위치한 시설들에서는 이미 한나라 때부터 문서나 장부 등의 목간(간독)을 통해 문서 행정과 정보 전달이 이행되고 있었다. 일본 율령국가는 이러한 중국의 율령제 문서주의 시스템을 하나의 통치 시스템으로서 관료제와 함께 그대로 수용했다.

『일본서기』 646년(다이카 2) 정월조의 다이카노 가이신 조의 조문이 당시의 것인지, 아니면 후대의 『일본서기』 편찬 단계에 수식된 것인지를 둘러싸고 많은 논쟁이 있었다. 이 '군평郡評 논쟁'에 종지부를 찍은 것은 동시대 사료인 후지와라큐 목간 중 공진물의 꼬리표(하찰)에 해당하는 여러 목간들이었다. 후지와라큐 시대는 694년에서 710년까지였지만, 다이호 율령이 시행된 701년을 경계로 하찰 목간의 지명 기재는 당시의 아스카노 기요미하라료 시대의 지방 행정구역 '평'이 일제히 '군'으로 개정됐음을 보여준다.

따라서 다이카노 가이신 조에 보이는 '군' 표기는 『일본서기』(720년 완성) 편찬 단계의 다이호 율령에 의한 수식이었다는 것이 명백해졌다. 이는 열도 각지의 제국에서 기재된 하찰 목간의 표기가 율령 조문에 따라 획일적으로 문자의 사용법까지 준수했음을 말해준다. 또한 연기年紀의 기재도 아스카노 기요미하라료 제에서는 간지干支로 기재한 것에 비해, 다이호 율령 하에서는 원호를 사용해 '다이호大寶 ○년'이라고 기재하는 것으로 일제히 변화했다.

나아가 문서 목간의 기재를 살펴보면, 아스카노 기요미하라 제에서는 본문 첫머리에 간지로 기년을 기재하던 형식이 다이호 율령 하에서는 본문 말미에 원호로 연기를 기재하는 방식으로 변한다. 공문서의 모두 서식도 '…의 앞에 아뢴다〔白〕'라는 형식으로 시작되던 문서가 모두 공식령에 규정된 '부符'·'해解'·'이移'·'첩牒' 등의 서식으로 변화해 간다. 또한 조용물調用物로서 서울에 공진된 다양한 특산품의 물품명은 부역령의 조문에 나오는 품목명에 따라 법령에 의한 표의한자 표기인 '아유年魚'·'가쓰오堅魚' 등으로 공진물 하찰 목간에 기재돼 있다. 한편 법령에 기재가 없는 품목명들은 '사메佐米'처럼 만요가나 등의 다양한 방법으로 기재되고 있다. 이상과 같이 지방 관아에 근무하는 말단 서기역의 하급 관인에 이르기까지 율령 조문을 포함한 일원적인 표기방법이 시행되고 있던 것을 알 수 있다.

이처럼 율령국가의 문서주의 아래 한자 문화는 지방 관아를 중심으로 지역 사회까지 파급되고 있었다고 해도 좋을 것이다. 그 확장은 국사와 군사뿐만 아니라, 국부에 근무하는 하급 관인인 조닌雜任과 군가에 근무하는 군조닌郡雜任 등의 하급 관인과 그 예비군, 그리고 이장里長(향장鄕長)에까지 널리 퍼져갔다. 한자 문화가 지방 관아를 축으로 삼아 지역 사회에 전개된 사정은 이렇게 지방 관아 유적에서 많은 문자 자료가 출토되는 것으로 잘 알 수 있다.

한편 7세기 지방 호족 등 지역 사회에서 한자 문화를 적극적으로 수용하는 움직임이 있었던 것도 최근 발굴되고 있는 출토 문자 자료에 의해 명백해졌다. 아무리 한자 문화를 확장하려고 해도 지역 사회[11]에 그것을 받아들일 능력이 없으면, 이 같은 전개는 실현되지 못했을 것이다. 위아래로 쌍방향적인 동향이 맞물려야만 지역 사회에서 한자 문화가 전개될 수 있었다. 결과적으로 이러한 움직임에 의해

---

11 원서에는 '재지在地' 사회라 돼 있다. 이는 우리말의 지방, 지역에 해당하므로 '지역'으로 선택해 옮겼다.

일본 율령국가가 7세기 후반 단기간에 문서주의를 축으로 하는 중앙
집권적인 관료조직을 중앙은 물론 지방에까지 정착시킬 수 있었던
것이다.

제4장 목간과 율령국가

1. 새로운 고대사

(1) 재인식되는 일본 열도의 고대

근래 일본 열도의 고대사에 관한 연구는 큰 진전을 보이고 있다. 그 배경에는, ① 고고학적 발굴 조사의 성과가 축적된 점, ② 목간 등 출토 문자 자료를 시작으로 다양하고 새로운 자료가 발견되고 있는 점, ③ 세계가 글로벌화해 가는 과정에 동아시아적인 관점에서 중국·한반도·일본 열도 및 북방과 남방의 역사를 새롭게 인식하려고 하는 점, ④ 일본 열도 각 지역의 역사를 발굴해 지역 간의 교류사에 주목하게 된 점 등이 있다.

또한 고대사를 단지 국가의 측면에서만이 아니라 다원적인 지역의 입장에서 재인식하려는 입장의 변화도 한몫을 했다고 볼 수 있다. 예컨대 역사가 이시모다 쇼石母田正(1912~1986)가 『일본의 고대국가日本の古代国家』에서 제기했듯이, 지방 호족의 자립성에 초점을 맞춘 '재지

(지역)수장제在地首長制'라는 관점이 있다. 이는 '일군만민一君萬民'적인 역사상이나 국가가 민중을 한 사람 한 사람 파악하고 있다는 사조를 비판한 것으로, 이후 연구에 큰 영향을 미쳤다.

이렇게 활발해진 국제 관계에 의존한다거나 다시금 조명되는 지역들의 역사와 새로 밝혀지는 고대 도시 헤이조쿄의 실상 등으로 인해, 일본 열도의 고대사는 다차원적으로 재검토되기 시작했다.

여기서 주목해야 할 지점들이 있다. 우선 고대사는 고대 국가 중심의 일원인 역사로서 명쾌하게 정리될 수 없다는 것이다. 전근대는 근대 국민국가와 달리 일본 열도의 역사뿐만 아니라 류큐琉球 왕국과 홋카이도北海島의 아이누인들의 역사까지 포괄하고 있다. 즉, 애초부터 일원적인 일본 국가가 존재했던 것이 아니다. '일본'이라는 국호는 8세기 초에, '천황'이라는 호칭도 7세기 후반에서야 역사적으로 형성됐다. 근대적 의미에서의 '국경'은 당연히 존재하지 않았고, 다만 지역과 지역 간의 교류만 이뤄지고 있었을 뿐이다.

둘째, 발굴 조사에 의한 유적과 유물의 발견, 특히 목간 등 출토 문자 자료의 출현에 의해 고대 사상이 급속히 풍부해졌다는 점이다. 헤이조쿄와 같은 고대 도시도 처음에는 유럽적인 도시들과 다르다는 점에서 비非 도시라고 생각돼 왔지만, 발굴 조사에 의해 실제 도시의 생활상이 차례로 드러나면서 동아시아적인 도시로서의 면모가 구체화됐다.

마지막으로 셋째, 일본 열도의 각 지역마다 지역 간 교류의 역사는 명백하게 유지돼 왔다는 사실이다.

(2) 다양한 역사 자료

비단 고대사 영역에서만은 아니겠지만, 역사를 배울 때 빠트릴 수 없는 것이 역사 자료이다. 숨겨진 역사 정보를 가능한 한 많이 찾아서 이해함으로써 우리는 과거의 역사상을 바르게 묘사할 수 있다. 객관적인 역사 자료와 그렇게 축적된 것들에 의거하지 않고 개인적인 사상이나 사유 혹은 직관에 의해 역사를 언급하는 것은, 역사소설이라면 용서되겠지만, 아무리 매력적이라도 자의적인 역사라고 할 수밖에 없을 것이다. 그 어떤 소설과도 달리 재방송될 수 없는 한 번뿐인 역사, 그 자체가 훨씬 흥미로운 것이다. 역사를 배우는 자세란 모름지기 역사 자료와 씨름하고, 그로부터 역사 정보를 끄집어내어 스스로 역사상을 구성하는 노력이 수반돼야 할 것이다.

그런데 역사 자료라고 하면 이전에는 문헌 사료만을 생각하는 것이 일반적이었다. 하지만 최근에는 문헌 사료 외에도 다양한 종류와 성격의 역사 자료가 역사상을 구축해가는 중요한 재료로 활용되고 있다. 요컨대 발굴 조사에 의해 출토되는, 목간을 위시한 출토 문자 자료뿐만 아니라 회화 자료나 새롭게 발견되거나 재인식되기도 하는 다양한 유적, 유물 등에 의해 고대사는 끊임없이 단련된다고 하겠다.

2. 율령국가와 목간

(1) 구두에서 문자로

최근 7세기 무렵의 지방 목간과 지방 관아 유적에서 사용된 군부郡府 목간 및 봉함 목간의 출토 사례가 증가하면서, 이미 8세기 전반에는 상당한 규모로 지방 관아 주변에 한자 문화가 침투해 있었다는 사실이 분명해졌다. 때문에 일본의 율령국가는 단기간에 중앙과 지방에서 관인들을 정비하고 중앙집권적인 국가체제를 확립할 수 있었다.

각지의 지방 관아 유적에서 고대의 문자 자료가 대량으로 출토된 배경에는 일본의 율령국가가 중국에서 도입된 문서주의를 근거로 삼고 있다는 점을 지적할 수 있다. 문자에 의한 정보 전달(중앙에서 지방으로의 명령 하달과 지방에서 중앙으로 보내는 정보 집약)을 통해 율령국가는 비로소 중앙집권적인 국가체제를 확보할 수 있었다.

이러한 문서주의는 '구두口頭의 세계'를 '문자文字의 세계'로 변환시켰다. 이를 통해 천황 대 관인들, 중앙 정부 대 지방 호족, 그리고 지방 호족 대 민중이라는 여러 관계 쌍에서 인격적인 지배 종속 관계로부터 관료적이고 행정적인 상하 관계로의 변화가 발생했다. 7세기 후반 일본에 율령국가가 확립돼가는 가운데 중앙과 지방의 여러 관아에서 한자를 읽고 쓸 수 있고 유교적 교양을 갖춘 수많은 하급 관인들이 배출됨으로써 비로소 전국적인 통치가 가능해졌다. 다시 말해 방대한 숫자의 하급 관인들이 단기간에 양성됨으로써 율령국가가 확립됐다고 볼 수 있는 것이다.

지금까지는 문서주의를 특징으로 하는 율령국가가 확립되고 난 뒤, 국부와 지방 관아를 통해 점차 한자 문화가 지역 사회로 확산됐다는 인식이 지배적이었다. 이는 지방 관아 유적에서 출토되는 대량의 문자 자료(목간, 칠지漆紙 문서, 묵서墨書 토기, 문자 기와)들에 의해 증명된다. 하지만 당시 일본의 지역 사회 역시 이미 율령제의 문서주의를 지탱할 만한 기반이 준비돼 있었다는 데 주의를 기울일 필요가 있다. 일찍이 천황과 결합해 구니쓰코國造라고 불리는 지역을 전통적으로 지배하고 있던 지방 호족들이 율령제 하에서는 중앙에서 부임하는 국사國詞 지배 하의 군사郡司가 되어 지방 행정을 담당하게 됐다는 추론이 율령국가의 전제가 된다.

　일본 열도의 한자 문화의 수용과 전개에 대해서는 앞으로 목간, 금석문, 칠지 문서, 묵서 토기, 문자 기와 등의 출토 문자 자료와 문방사우 등과 같은 고고학적 유물의 발견에 의해 더욱 구체화될 것이다.

3. 헤이조큐 목간이 말하는 것

헤이조큐 · 헤이조쿄 유적이 '지하의 쇼소인正倉院'에 비유되는 것은 유적이 땅속에서 잠을 자고 있다는 뜻만이 아니라, 대량의 목간이 매장돼 있다는 의미이기도 하다. 헤이조큐 목간은 문서주의를 도입한 일본 율령국가의 구조와 실태를 검토하는 과정에 빠져서는 안 되는 중요한 사료로 인식되고 있다.

　그럼 이제부터 헤이조큐 목간에 의해 일본 율령국가의 어떤 모습이 명백해졌는지를 살펴보고자 한다.

(1) 관사 이름의 결정

목간을 검토함으로써 헤이조큐 내에서 발굴된 유적 지구가 어떠한 성격의 관사官司인가가 밝혀지게 됐다. 예컨대 관인의 근무 평정을 담고 있는 고선考選 목간들이 출토되면서 문관 인사를 담당했던 식부성式部省 시설이 분명해졌다.

또한 쌀 이외의 식료 분배에 관한 목간이 출토되면서 해당 공간이 백관의 식선食膳을 담당했던 대선직大膳職이라고 판명되기도 했으며, 술을 제조하는 쌀의 하찰 목간이 출토되거나 대규모 우물이 발견됨으로써 해당 공간이 조주사造酒司로 추정되기도 했다.

(2) 유물(토기, 기와)의 연대 결정

문자 없이 유물만으로도 형태상의 전후 관계에 의해 상대적인 연대 추정이 가능하다지만, 그것이 서력 몇 년의 것인가를 밝히는 절대 연대는 파악이 어려웠다. 하지만 쓰레기 처리장처럼 일정한 곳에서 집중적으로 폐기돼 버려진 목간들에 기재된 연기年紀로부터 토기와 기와의 연대를 추정할 수 있게 됐다. 지금은 나라 시대의 토기와 기와의 편년(상대 편년)에 절대 연대를 부여해 절대 편년을 만들 수 있게 됐다. 현재는 토기와 기와의 연대로부터 연기가 없는 목간의 연대관도 제공할 수 있을 정도이다.

(3) 하급 관인의 실태

『속일본기』는 원칙적으로 5위 이상의 귀족의 이름만 싣는 것이 편찬 방침이었다. 그러나 이와 달리 헤이조큐 목간에는 하급 관인의 세계 가 잘 반영돼 있다. 예컨대 단책형의 판에 옆으로 구멍을 뚫은 015형 식의 고선 목간에는 하급 관인들의 출신지와 근무 평정의 실태가 그 대로 남아 있다. 지금까지 우리에게 익숙한 자료들과는 사료로서의 가치 차원이 확실히 다르다고 할 수 있다.

(4) 급식의 실태

쌀의 공진물 하찰 목간과 중앙 관사에서 매일 식료를 청구하는 청반請 飯문서 목간 등에 의해 헤이조큐 내에서 중앙 관인들의 일상적 급식인 '제사상식諸司常食'('백관상식百官常食', '조석료朝夕料')의 실태가 밝혀졌다.
　획일적인 방식으로 일상 급식이 행해졌다는 사실은 헤이조큐 유적 에서 출토되는 방대한 양의 토기 조각 대부분이 정형적인 형태의 접 시와 밥그릇인 식기 세트인 점에서도 확인된다. 하급 관인들을 구분 전의 경작이라는 자급적인 농업 생산 과정으로부터 분리시켜 관료 업 무에 전념하도록 하기 위해서는 일괄적인 급식이 필요했다.

(5) 공진제의 실태

공진물 하찰 목간에 의해, 와카사若狹(후쿠이福井 현)의 소금 공진, 오키

隱岐(시마네島根 현)의 해조류 공진, 이즈伊豆(시즈오카靜岡 현)의 가쓰오堅魚 공진, 아와安房(지바千葉 현)의 전복鮑 공진이라는 식으로, 여러 지방 특산의 식재료를 헤이조큐로 모아들이는 수집 체제—미케쓰御食 국이라고 불렸다—가 조세제로서 체계화돼 있는 것을 알 수 있다. 율령제의 기본적인 재정이 '실물 공납 경제'인 것은 철제 괭이나 중요 화폐인 쌀이 조세로서 공진되는 것을 보아도 명백하다. 하지만 이런 측면은 당시 유통이 그다지 활발하지 못했던 증거라고 해도 좋을 것이다.

(6) 습서 목간과 하급 관인

습서 목간을 통해 연습용인 '나니와쓰의 노래'(나니와에 피는 이 꽃은 겨울에 잠자다가 봄이 되니 피는구나)가 하급 관인들에 의해 널리 가르쳐졌다는 사실을 알 수 있었다. 이뿐만이 아니다. 한자·한문 능력을 키우는 데 활용되는 것으로서, 유교 고전·한문으로 된 명문집·율령 조문·공문서 서식·한시 등이 기록된 습서 목간들도 여러 곳에서 출토되고 있다. '작은 칼과 붓의 관리'라 불리는 율령 관인이 되기 위해서는 한자를 읽고 쓸 수 있는 작문 능력과 유교에 대한 기초적 교양이 필수 조건이었다. 지원자가 많았던 탓에 관인에 채용되기 위해서는 다양한 인맥이 필요하기도 했다.

습서가 행해지는 곳은 헤이조큐 내의 각 관사에서 문서 행정을 담당하는 서기역의 하급 관인이 일하는 장소인 경우가 많았으며, 그러한 '서사書寫의 장'에서는 서사 재료로서 종이 문서와 목간, 묵서 토기가 병존하는 경우가 종종 있었다.

제5장 목간과 하급 관인

1. 목간 기록자

중국을 모방한 일본의 율령국가가 중앙과 지방에 걸쳐 중앙집권적인 관료제를 운영하기 위해 문서주의를 도입한 사실은 이미 앞에서 살펴 봤다. 중앙 관사와 지방 관아에서 도래인이 중심이 됐던 문필 업무 시 대가 지나면서 한자 문화는 널리 퍼져나갔고 필수적인 것이 되기도 했다. 한자 독해 능력과 중국적인 유교 교양을 몸에 익힌 관인, 특히 하급 관인들이 중앙과 지방에 걸쳐 대량으로 양성됨으로써 중앙집권 적인 국가 운영과 지방으로부터의 조세 징수가 가능해졌다.

율령제의 문서 행정을 지탱한 것은 서기 역을 담당한 하급 관인들 이었고, 헤이조큐 목간을 쓴 것도 그들이었다. 그들은 매일 붓과 먹, 벼루를 사용해 종이 문서와 목간을 기재하고, 때로는 가까이 있는 목 간이나 토기에 습서를 하며 문자 능력을 향상시켰다.

하급 관인이 되는 것을 목표로 하는 사람들은 기본적으로 한 자·한문 능력과 유교적 교양을 몸에 익혔고, 관사에 나가더라도 우선은 관청의 말단에서부터 일하지 않으면 안 됐다. 관청에서는 급식을 받으면서 근면하게 일하는 것이 중요했다. 존귀한 자제로 태어나 음위陰位의 특권을 얻어 젊었을 때부터 빨리 출세할 수 있는 귀족의 자제에 비해, 이들은 매일 가혹한 근무 조건에 시달려야만 됐다. 매년 규정된 근무 일수上日를 채워야 했고, 근무 평정에서 6년 이상 3등 중 '중中' 이상을 얻어야만 성선成選이 되어 위계가 한 단계 상승했다. 이렇게 문서 행정의 말단을 담당하는 하급 관인들에 의해 율령제의 운용이 가능했다는 사실을 잊어서는 안 된다.

하급 관인들이 5위 이상의 귀족에까지 출세하는 것은 꿈같은 일이었다. 하지만 『만엽집』[1]의 와카에서는 만엽인다운 밝은 연애관이 나타난다. 예컨대 『만엽집』 권16에 이런 가사가 나온다. "요즈음 내 사랑의 노력을 기록해 글로 모은 것을 공적으로 신청한다면, 5위의 대부 자리에는 오를 만하다(比來之 吾戀力 記集 功爾申者 五位乃冠)", "5위의 자리에 필적할 만한 내 사랑의 노력에 대해 그녀에게서 칭찬을 받을 수 없다면, 서울에 가서 고소라도 할 것이다(頃者之 吾戀力 不給者 京兆爾 出而將訴)."

하급 관인들의 근무 조건은 가혹했다. 예컨대 「쇼소인正倉院 문서」 가운데 다음과 같은 '시말서過狀'에 그 내용이 절절하게 전해진다.

---

1 일본에서 가장 오래된 가집歌集이다. 이두처럼 한자를 이용해 만든 만요가나萬葉假名로 쓰였다. 한 사람이 완성한 것이 아니라 여러 사람들이 장기간에 걸쳐 편집한 것으로, 오토모노 야카모치大伴家持가 8세기 말에 완성한 것으로 보고 있다. 문학적으로도 그 가치가 높이 평가되며, 일본사상사日本思想史 및 생활사 연구에도 귀중한 자료이다.

山越乃風乎時自見宿夜不落家在妹乎懸而

小竹横

やまこしのかぜをときじみぬるよおちずいへなるいもをかけてしぬひつ

天皇十一年己亥冬十二月己巳朔壬午幸于

石榆日本書紀無幸於讃岐國二軍五未詳
也但山上憶良大夫類聚歌林曰記曰

伊与温湯宮尓く

一書是時宮前在二樹木此二樹斑鳩比米
二鳥大集時勅多挂稲穂而養之仍作歌云

若疑従此便干韋之歌

明日香川原宮御宇天皇代
　　　　　　　天豊財重日足姫天皇

額田王歌　未詳

金野乃美草苅葺屋杼礼里之兎道乃宮子能

万葉集

○ 中室淨人過狀(「쇼소인 문서」속수續修 19, 『대일본고문서』 6권 162쪽
이하)

村主

나카무로노 기요히토中室淨人가 시말서를 주나곤中納言의 오키소메노무
라지고무로마로置始連小室麻呂에게 보냅니다.

저의 죄가 무겁습니다. 무릇 관리란 공을 먼저 하고 사를 나중에 하는 것
인데, 저는 과실이 예의와 달라 공사를 그르쳤습니다. 바라옵건대 과오를
뉘우치고 지금부터 태만하지 않으며, 낮에는 행사에 봉사하고 밤에는 숙
직을 담당하는 데 소홀함이 없도록 정진 봉사하겠으니 굽어 살펴주시옵소
서. (별필)[각하]

771년(호키寶龜 2) 하급 관인인 나카무로노 기요히토는 공무보다 가
정의 일을 우선했기 때문인지 엄하게 견책 받는 상황에서 직장 동료
들의 응원의 서명을 받아 분골쇄신 공무에 매진하기를 맹세하고 있
다. 하지만 다른 필적으로 그의 요구를 거절하는 기재가 추기된 것이
보인다. 헤이조큐의 주변에는 하급 관인이 되기를 희망하는 사람이
많았기 때문에 관사의 대응도 상당히 엄했던 것 같다.

휴가를 원하는 하급 관인 문서의 한 사례가 다음과 같은 '청가해請
暇解'이다.

○ 巨勢村國請暇解(「쇼소인 문서」속수 20, 『대일본고문서』 4권 447쪽)
삼가 휴가를 청합니다.
모두 3일. (별필) 3일을 허가한다.

집이 무너져 수리를 해야 해서 휴가를 원합니다.

덴표호지 4년 10월 25일. (별필) 청에 의거해 허가한다.

760년(덴표호지天平宝字 4) 초겨울, 하급 관인인 고세노 무라쿠니巨勢
村國는 파손된 자택을 수리하기 위해 3일간의 휴가를 신청하고 있다.
그런데 직장에 돌아온 것은 신청 후 5일째인 30일로 분명히 기재돼
있다. 아마도 겨울을 맞아 가옥 파손상태가 심각해 수리하는 데 며칠
더 소요된 듯하다.

하급 관인들이 관청이 주관하는 고리대의 출거전出擧錢에서 돈을
빌리기 위해 쓰는 문서가 '월차전해月借錢解'이다. 「쇼소인 문서」 중에
비교적 많이 남아 있는 문서다.

다음의 예시는 772년(호키 3)의 하세쓰카베노 하마타리丈部浜足의
사례. 1,000문을 빌리는 데 한 달간 이식이 130문이니 꽤나 높은 금
리다. 더욱이 가옥과 구분전을 저당 잡히지 않고서는 대출이 불가능
했으며, 1,000문을 희망했지만, 그 절반인 500문밖에 빌릴 수 없었음
을 알 수 있다. 하지만 하급 관인들은 그나마 급여 등을 저당 잡혀서라
도 관청에서 현금을 빌릴 수 있었던 만큼, 그 나름의 혜택이 있었다는
사실도 간취할 수 있다.

○ 丈部浜足借錢解
하세쓰카베노 하마타리가 월차전에 대해 이야기하다.
모두 전화 일관문(이식은 월별 130문). 담보는 가옥 일구(토지는 16분의
반, 판옥 2칸, 우경 3조 3방에 있고, 구분전은 3정이며 가쓰라기노시모葛

下 군에 소재).

2개월을 기한으로 원금과 이식을 함께 납부하기로 한다. 만약 기일을 넘기면 담보를 팔아 배로 갚는다. 이에 사정을 기록해둔다.

2. 지방 호족과 하급 관인

음위제[2] 등에 의존하지 않고 중앙 관청의 관인이 되는 길은 정식 관리 등용 시험밖에 없었으며, 이는 일부 특출한 사람들에게나 해당되는 경우였다. 마찬가지로 기나이畿內와 헤이조쿄에 살고 있다고 하더라도 하급 관인이 되는 것 역시 쉬운 일이 아니었다.

하지만 때로는 지방 호족 출신이 하급 관인을 거쳐 귀족으로 올라가는 경우가 있기도 했다.

(1) 기비노 마키비의 사례

기비노 마키비吉備眞備는 원래 빗추備中 국(오카야마 현의 서부) 시모쓰미치下道 군의 지방 호족이었던 시모쓰미치 씨 출신이었다. 아버지 시모쓰미치노 구니카쓰下道圀勝는 중앙의 하급 관인으로 근무하고 있었고,

---

2 고위직 자손에게 일정 정도 이상의 위계를 부여하는 제도로서, 조상 덕분에 서위를 받는 것이다. 한국의 음서제와 거의 같다.

야마토의 야기八木 씨 여성과 결혼해 마키비가 태어난 것이었다.

마키비는 견당 유학생으로 선발될 만큼 발군의 실력으로 이름을 날렸으며, 다방면으로 선진 문명을 익히고 귀국해, 쇼무聖武 천황에게 중용되면서 출셋길에 올라 746년(덴표天平 18) 10월에 기비노 아손吉備朝臣이라는 성을 하사 받는다. 황태자 시절의 고켄孝謙 천황에게 역사와 유교를 가르치는 역할을 담당했으며, 고켄 태상천황 측에 서서 '에미노 오시카쓰惠美押勝의 난'[3]을 제압하는 데 활약한 후, 쇼토쿠稱德 천황 시대인 766년(덴표진고天平神護 2) 10월에 드디어 우대신의 자리에까지 오른다. 이처럼 지방 호족 출신으로 대신에까지 오른 예는 극히 드문 일이었다.

마키비의 씨족적 환경을 살펴보자. 그의 조상 땅인 빗추 국 시모쓰미치 군에는 기비지吉備寺(오가야마 현 구라시키倉敷 시) 등의 전승지가 유명하다. 특히 시모쓰미치 씨의 묘(오카야마 현 오다小田 군 야카게矢掛 정)에서는 와도和銅 원년(708) 11월 명문銘文이 쓰인 시모쓰미치노 구니카쓰의 어머니의 골장기骨藏器가 출토됐다. 이 명문에 의하면 마키비의 아버지를 숙부로 하는 시모쓰미치노 구니카쓰와 구니요리閼依 형제가 돌아가신 어머니의 골장기에 기록한 것이다. 시모쓰미치 씨가 8세기 초에는 이미 불교를 수용해 화장을 행하고 있고, 골장기에 한문으로 명문을 새기고 있는 정도의 한자 문화를 수용하고 있다는 점이 주목된다. 마키비 학식의 배경에는 이러한 씨족적 전통이 존재하고 있었던 것이다.

---

3 8세기 일본 나라 시대에 조정의 실권자 에미노 오시카쓰(본명은 후지와라노 나카마로藤原仲麻呂)가 상왕 고켄에 맞서 일으킨 반란.

기비노 마키비의 초상

케노 기요마로의 동상

(2) 와케노 기요마로의 사례

와케노 기요마로和氣淸麻呂(후지노와케노 마히토키요마로藤野別眞人淸麻呂)는 비젠備前 국 도노藤野 군(나중의 와케和氣 군) 출신으로, 같은 군의 군사 씨족 출신이었다. 누이 와케노 히로무시和氣廣虫(藤野別眞人廣虫)와 함께 쇼토쿠 천황의 신임을 받아 '에미노 오시카쓰의 난'에서 활약했다. 쇼토쿠 천황의 신임을 배경으로 이와나시와케노 기미磐梨別公, 후지노와케노 마히토로부터 기비노후지노 와케노마히토, 후지노 노마히토輔治能眞人라고 사성을 받았다. '우사노 하치만宇佐八幡 신탁 사건'[4]에서는 쇼토쿠 천황에게서 미움을 사 한때 와케베노 기타나마로別部穢麻呂가 됐으나, 나중에 와케노 스쿠네和氣宿禰 나아가 와케노 아손和氣朝臣의 성을 하사 받았다.

기요마로의 누이 와케노 히로무시는 쇼토쿠 천황에게 봉사해 비구니가 되어 그 법명이 법균法均이었으며, 진수대부니위進守大夫尼位의 지위를 얻었다. 769년(진고케이운神護景雲 3)에 쇼토쿠 천황이 승려인 도쿄道鏡[5]를 황위에 올리려고 한 '우사노 하치만 신탁 사건'에서는, 누이를 대신해 우사에 파견된 기요마로는 도쿄의 즉위를 반대하는 보고를

---

4 나라 시대 진고케이운 3년(769)에 발생한 사건으로, 우사하치만궁宇佐八幡宮으로부터 쇼토쿠 천황에 대해 "승려인 도쿄道鏡가 황위에 올라야 한다"는 신의 명령을 둘러싸고 일어난 분규를 이른다. 같은 해 10월에 쇼토쿠 천황이 도쿄에게 황위를 물려주지 않는다고 선언하면서 그 분규는 수습됐다.

5 700년 가와치河內 국에서 태어나 법상종과 범어를 익혀 유명 승려의 반열에 든 인물이다. 761년 헤이조큐를 수리하면서 오미近江 국에 머물던 고켄孝謙 상황의 간병을 담당해 일약 총애를 입었다. 훗날 태정대신太政大臣 선사禪師에 임명되는 등 최고의 권력을 누렸다.

하게 되고, 이로 인해 쇼토쿠 천황에게 미움을 사 누이와 동생은 와케베노사무시別部狹虫와 기타노마로穢麻呂라고 개명돼 유배됐다. 쇼토쿠 천황 사후에 다시 부름을 받아 나가오카쿄長岡京의 조영 등에서 활약하고, 후에 간무桓武 천황에게 헤이안 천도를 권한 것은 잘 알려진 사실이다.

기요마로는 조궁대부로서 헤이안쿄의 조영을 담당하는 등 중앙정계에서 활약하지만, 한편으로는 고향인 '미마사카美作, 비젠 2국의 구니쓰코'에 임명되기도 하고, 비젠 국의 와케 군에서 이와나시磐梨 군을 분할하는 것을 신청해 실현시키는 등 출신지인 비젠 국의 역사와도 관계가 깊었다.

3. 습서 목간

목간 중에는 한자와 한문의 습득을 목적으로 활용된 습서 목간이 있다. 이를 통해 중앙과 지방에서 하급 관인들의 한자 문화 습득 실태를 파악할 수 있다.

습서의 대상을 살펴보자면, 우선 전적典籍을 습서한 목간이 있고, 한자와 유교의 초학서 · 기본서와 한문 문예집 등을 습서한 것이 보인다. 주로 『천자문』, 『논어』, 『문선』, 『위징시무책』, 『왕발집』, 『악의론』, 『노자』 등의 전적을 습서한 목간들이 많다. 율령 조문과 공문서의 서식을 습서한 목간도 많은데, 이는 하급 관인에게 필수 지식이었기 때문이다.

목간은 종이와 달리 작은 칼로 깎아 수정이 가능하기 때문에 습서와 낙서를 위한 재료로 자주 이용됐다. 이러한 습서 목간은 중앙 도성뿐만 아니라 지방 유적에서도 광범위하게 출토되고 있다. 하급 관인이 주축이긴 하지만 사원을 건축하는 건설 현장에서 기술자들이 쓴 것들도 발견됨에 따라, 습서의 주체는 폭넓은 계층을 포괄하고 있었다는 점이 확인되기도 했다.

이제 중앙과 지방에서 하급 관인들이 쓴 습서 목간의 사례를 몇 가지 살펴보자.

헤이조쿄 야쿠시지 유적 출토 목간

　◇ (앞) 地地天地玄黃

　　　宇宙洪荒日月

　　　寶龜二年三月

　　(뒤) 생략

한자의 초학서인 『천자문』의 첫머리 부분을 716년(레이키靈龜 2)에 습서한 목간이다. 야쿠시지藥師寺(나라 현 나라 시) 우물에서 다량의 건축 부자재와 함께 출토된 것으로 보아 건설 현장에 일하던 기술자들에 의한 습서일 것이다.

아키타 성 출토 목간

　◇ (앞) 而察察察察察察察察察之之之之之之之灼灼灼灼灼灼若若

　　(뒤) 若若若若若若夫夫夫夫渠渠渠出綠綠波波波波農農農農

아키타秋田 성(아키타 현 아키다 시) 유적 외곽의 동문에 접하는 관아와 사원 지구의 우물에서 출토된 습서 목간이다. 『문선文選』 중에서 위나라 조식의 명문 「낙신부洛神賦」[6]의 일절을 한 글자씩 습서한 것이다. 종이로 된 권수본의 『문선』을 견본으로 습서한 것일까? 8세기 중엽의 덴표天平기에 변경국인 데와出羽 국 출장소인 아키타 성의 관인이 열심히 『문선』을 공부하고 있었던 모습이 그려진다. 고대 동북의 성책 유적이 군사적 기능보다도 행정적 기능의 거점을 담당하고 있었음 드러내는 목간이기도 하다.

호류지 오층탑 일층 천정 장식 이면의 낙서

◇ 奈尓

奈尓波都尓佐久夜己

호류지法隆寺(나라 현 이코마生駒 군 이카루가斑鳩 정) 오층탑 부재에 겉으로는 보이지 않는 곳에 묵서된 습서 목간이다. 연습용 '나니와쓰의 노래'로 호류지 탑의 조영을 담당한 기술자에 작성된 것이라 판단된다.

후지와라쿄 좌경 칠조 일방 서남평 출토 목간

후지와라쿄(나라 현 가시와라 시 다카이치 군 아스카 촌)에서 주작대로를 남쪽으로 300미터 정도 내려온 동쪽에 위치하는 후지와라쿄 좌경 칠조 일방 서남평의 대규모 저택에서 출토된 '나니와쓰의 노래'의 습서 목간

---

6 중국 위나라의 조식이 222년에 낙수를 건너며 지은 글로 『문선』 권19에 남아 있다.

이다. 후지와라쿄 시대 후반의 지상 유적에서 출토된 목간 중의 한 점
이기도 하다.

◇ (앞) 奈尓皮ツ尓佐久矢己皮奈泊 留己母利□眞波〉留部止
　　　　　　　　　　　　　　　　　[異力]

　　　/////

　　　　　////

　　　佐久□□□□□職職

　　(뒤) 奈尓皮職職職馬來田評　　　　　387×(34)×4　　011형식

'나니와쓰의 노래' 전문이 보이는 습서로, 후지와라쿄 시대(694~710)
에 연습용으로 초학들이 이용한 것으로 판단된다.

이치카와바시 유적 출토 목간

이치카와바시市川橋 유적(미야기 현 다가조 시)은 고대 무쓰노 국부가 있
던 다가조의 남쪽에 위치하는 관련 유적이다. 다가조 남문에서 남쪽
으로 연결된 남북대로의 서쪽을 흐르는 하천에서 출토된 목간 한 점
이 다음의 목간이다. 나라 시대에서 헤이안 시대 초기의 것으로 추정
된다.

◇ (앞) 杜家立成雜 書要□□書□□□□□
　　　　　　　　[略雜力]　　[略力]　[成立家力]

　　(뒤) 杜家立成雜書要略一券雪寒呼知酒飮書　　360×36×6　　011형식

『두가립성잡서요략杜家立成雜書要略』이란 서명과 그 도입부를 습서

한 목간이다. 『두가립성잡서요략』은 당나라 초기 정관貞觀 연간에 성립된 서간의 문례집으로, 쇼소인에 전해지고 있는 왕희지王羲之를 본뜬 고묘 황태후(701~760)의 자필 사본이 유명하다. 이 목간은 한 글자씩 정성껏 습서한 모양새를 갖추고 있어, 『두가립성잡서요략』을 바로 옆에 두고 보면서 썼던 것은 아닌지 추측해보게 된다. 본문 일부는 쇼소인 본과는 서풍이 달라, 고묘 황태후 소장본과는 다른 별도의 사본이 다가조에 전해져 왔음을 알게 해준다. 이를 익힌 관인이 존재했다는 사실을 말해주는 부분이다.

제6장 고대 급식제와 목간

1. 고대 국가의 급식제

일본 고대 국가는 '급식 국가'였다. 고대 율령제 하에서는 중앙과 지방의 모든 관청에서 관인들에게 급식이 이뤄졌다. 당시는 아침과 저녁 두 끼니의 식사였는데, '제사상식諸司常食', '백관상식百官常食', '조석료朝夕料' 등으로 불렸다.

헤이조큐에 근무하는 관인의 경우, 5위 이상인 귀족의 수는 8세기 초까지 100명 정도에 지나지 않았다. 양노령養老令의 직원령職員令에 직위가 기록돼 있는 정식 직원의 수는 약 1만 명에 약간 못 미쳤으므로, 거의 대부분의 관인이 하급 관인이었던 셈이다. 추측건대 이렇게 비상근으로 근무하는 말단 관인들이 바로 급식의 대상이었다.

그렇다면 국부와 군가 등의 지방 관청에서도 매일 급식을 필요로 한 것일까? 귀족과 달리 일상생활에 쫓기는 다수의 하급 관인들에게 급식은 이른바 매우 중요한 경제적 특권이었다. 이들은 구분전을 경작했던 생업 현장을 떠나 공무에 전념해야 했기 때문에, '월료'로 불리는 급여로서의 식료급이 본인은 물론 자기 가족의 생계를 위해 필수적이었다. 거꾸로 말하면 고대 국가는 급식을 준비함으로써 비로소 근면한 하급 관인들을 확보할 수 있었고, 관료제 유지가 가능했다.

헤이조큐 발굴 시 가장 많이 출토되는 유물이 토기 조각들이었다. 대부분 크기와 형태가 규격화된 스에키須惠器와 하지키土師器[1]로 된 잔, 접시, 밥그릇 등의 식기 세트이다. 매일 행해진 급식에서 사용되다가 폐기돼, 오늘날 대량으로 매장된 유물로 남아 있는 것이다. 헤이조큐 내에서 관인들에게 획일적인 공양이 이뤄졌다는 사실이 이로써 확인됐으며, 고대 헤이조큐에서 급식의 중요성도 이것이 설명한다.

율령제 관료기구 하에서 식사를 담당했던 관청으로는, 백관의 식사를 담당했던 대선직大膳職, 그리고 천황의 식사를 담당했던 내선사內膳司가 있다. 직원령 40조, 대선직조의 장관 대선대부의 업무는 "각 지방의 조調인 특산물들을 관리하고 모든 요리를 만드는 일, 소금·절임·장·된장·생선·과일·떡·식료의 조달, 요리사인 선부膳部를 이끌며 관련 업무를 담당한다"고 돼 있다.

또한 4등관 밑에서 요리를 담당했던 주장主醬과 주과병主菓餅 두 사람 말고도, 요리를 직접 만드는 선부 160인, 그리고 잡부에 해당하는 사부使部 30인, 직정直丁 2인, 심부름꾼駈使丁 80인이 더 있었다. 요리가 잘못된 경우에는 '외선外膳'과 '어선御膳' 상관없이 직제율職制律[2] (18조 외선범식금조外膳犯食禁條, 13조 조어선조造御膳條)에 따라 엄하게 처벌 받았다.

---

[1] 스에키는 고분 시대의 후반부터 일본 열도에서 만들어진 도질陶質의 토기로 청흑색을 띠며 단단하다. 이에 비해 하지키는 야요이 시대의 토기 양식을 계승한 것으로 적갈색을 띠며 연질이다.

헤이조큐 내에서 마치 획일적인 방식으로 매일 행해지던 식사 대접은 단순히 의식과 함께 치러지는 향연이나 '제사상식諸司常食'의 급식과 같이 단순히 식사만을 제공한다는 의미에 국한되지 않는다. 예컨대 '공식共食'의 의미도 있었다고 생각된다. 말하자면 '한솥밥'을 먹음으로써 천황 아래 관인이라는 인식을 공유하는 의례적 성격이 분명 존재했을 것이다.

2. 고대 국가의 식료 조달

중앙의 관인들에게 식료 급여의 수단으로 당나라에서는 화폐가 지급됐고, 그들은 그것으로 미곡을 구입하면 됐다. 하지만 고대 일본은 현물인 쌀을 직접 지급했다. 당시 일본에서는 쌀의 유통이 그다지 활발하지 않았기 때문에, 세제로서 식료인 쌀을 대량으로 서울로 공진시킬 필요가 있었다. 그것은 말하자면 조세인 쌀을 지방에서 서울로 조달했다가, 국가적 급여로 다시 관인들에게 분배하는 시스템이었다.

(1) 쌀의 공진제와 목간

고대 조세 가운데 쌀의 공진貢進은 전령 2 전조田租 조에 규정돼 있다.

---

2 요로율養老律의 한 편목으로 관인의 직무 내용에 관한 일반적인 범죄에 대해 벌칙을 정해놓은 것.

규정에는 "이 쌀을 빻아 서울로 운반하는 일은 정월부터 시작해 8월 30일까지 모두 마쳐라"라고 쓰여 있다. 실제로 「쇼소인 문서」 가운데 덴표 연간의 「정세장正税帳」이라는 재정 장부를 보면, 국가 재정의 기반인 정세正税 중에서 '연료백미年料白米(年料舂米)'라고 불리며 지방에서 중앙으로 쌀이 운반되고 있는 사실을 알 수가 있다.

율령의 전조에 의하면, 이삭이 달린 상태, 즉 '영도穎稻'로 수납되는데, 8세기 초기부터 실제로 탈곡되지 않은 벼인 '인각籾殼'이 중앙 정부의 허가 없이는 개방할 수 없는 창고인 부동창不動倉에 '미래의 저금'이라는 인식 하에 저장되기도 했다. 그리고 공적인 이식인 공출거公出擧 분을 정세에서 탈곡해 백미로 만들고, 그 백미를 서울로 보냈다. 다시 말해 세금으로 걷는 곡식은 지방의 부동창에 저장되는 한편, 그 정세 중에서 일부를 탈곡해 서울로 보낸 것이다. 쌀은 섬유 제품에 비해 무거운 화물로서 이른바 '중화重貨'였다. 면이나 포를 운반하는 것과 달리 무거운 쌀가마를 운반하지 않으면 안 됐기 때문에 쌀의 공진제는 매우 과도한 부담이었다고 할 수 있다.

그럼 중앙에서는 쌀이 어떤 용도로 사용됐을까? 율령 주석서인 『영해집令解集』을 보면, 앞의 영조문을 설명하는 가운데 "조세를 쌀로 만들어 대취료大炊寮에 보내다"라고 적고 있다. 그 주석에는 용미庸米와 용미舂米(빻은 쌀)의 차이에 대해 전자는 "일 년분의 노역의 대가로 징수한 것으로 민부성에 납부하고, 중앙의 위사와 시정들의 식료에 충당"하는 대신, 후자는 "중앙 관청의 상식으로 사용한다"고 돼 있다.

지방에서 서울로 매년 옮겨지는 '연료용미年料舂米'는 중앙에서 궁내성 관하의 대취료로 보내져 제사상식에 충당됐다. 제사상식은 헤이조큐의 관청에 근무하는 관인들의 일상 식료이다. 이러한 제도가 실제로 행해진 것은 「쇼소인 문서」에도 보이며, 실제로 지방에서 쌀이 운반되는 상황은 헤이조큐 유적에서 다수 출토된 용미春米의 공진물 하찰 목간을 통해 잘 드러난다.

(2) 쌀의 공진 하찰

연료용미와 함께 서울로 온 하찰荷札 목간은 헤이조큐 목간 중에서도 대단히 많은 양을 차지한다. 예컨대 아와阿波 국(현 도쿠시마德島 현) 사카노板野 군 이구마井隈 향의 호주 하타베노 다루히토波多部足人의 호구인 진인풍일秦人豊日의 백미 5두라는 목간, 아와 국 히카미氷上 군 석부石負 리의 가사도리나오코마로笠取直子萬呂가 한 가마니에 해당하는 백미 5두를 바친 710년(와도和銅 3) 4월 23일의 목간 등이다.

○ (앞) 阿波國板野郡井隈戸主波多部足人戸
　(뒤) 秦人豊日白米五斗　　　　헤이조큐 목간 168×20×7　011형식
○ (앞) 丹波國氷上郡石負里笠取直子萬呂一俵納
　(뒤) 白米五斗[和銅三年四月二十三日]　　　헤이조큐 목간　032형식

'국國, 군郡, 향鄕, 하모何某'라는 공진자의 본적과 성명, '백미 5두'라는 기재를 갖는 하찰이 압도적으로 많다. '5두'란 『연희식延喜式』에 나오는 "쌀 5두斗를 1표俵라 한다"는 내용과 대응한다. 공진 시에 사람이 운반하는 경우에는 한 사람이 한 가마니를 짊어지고, 말에 싣는

경우에는 한 마리의 말이 세 가마니를 감당했다.

　헤이안 시대의 『연희식』에 따르면, 연료용미를 부담하는 지방에는 22개국의 '수근연해국隨近沿海國'에서 쌀을 운반한다고 규정돼 있다. 헤이조큐 유적에서 출토된 쌀의 공진 하찰을 보면, 나라 시대도 거의 같은 범위의 지방에서 공진하고 있음을 알 수 있다. 먼 지방에는 무거운 화물인 용미의 수송을 부담시키기 어렵기 때문에 바다 연안의 지방이나 기나이畿內, 그리고 가까운 지방에서 쌀을 운반했다.

　예컨대 『일본서기』의 '진신壬申의 난'[3]때의 기사를 보면, 오아마大海人 황자가 요시노吉野에서 이세伊勢 국으로 도망하는 중에 쌀을 운반하는 말의 수송대를 만나 그 말들을 징발한 것이 보인다. 이로부터 이세에서 말 50필에 쌀가마니를 싣고 중앙으로 운반했다는 것을 알 수 있다. 무거운 화물인 쌀을 멀리서 간단히 운반하는 데는 배편이 편리했다. 바다 연안의 지방에서는 다소 거리가 멀더라도 배를 이용해 중앙으로 운반하는 방식을 택했다.

(3) 중앙 관인의 상식

주목할 점은 이렇게 공진된 쌀이 당시의 서울 관인들의 일상적 식료

---

3 서기 672년에 일어난 고대 일본사 최대의 내란이다. 덴지 천황의 태자 오토모 황자에 맞서, 황제皇弟 오아마 황자가 지방 호족들을 규합해 반기를 든 사건이다. 일본 역사에서 예외적으로 반란을 일으킨 측이 승리한 내란이었으며, 사건이 일어났던 서기 672년이 간지로 임신년壬申年에 해당되므로 간지의 이름을 따서 '진신의 난'이라 부른다.

가 된다는 사실이다. 이 쌀이 없으면 중앙의 국가 기관은 기능할 수 없게 된다. 중앙의 하급 관인들은 약 1만 명으로, 실제로 말단 고용 직원 같은 사람들을 포함하면 더 많은 하급 관인들이 헤이조큐에서 근무하고 있었다. 이러한 관인들을 국가 기구에서 움직이게 하는 데는 매일 제공되는 식사가 필수적이었다.

앞서 식료 지급 수단에 대해 고대 중국과 일본의 차이를 설명했었다. 당나라는 그 수단이 화폐였던 반면, 일본은 현물 지급이 원칙이었다. 그만큼 고대 일본의 유통 단계 수준이 낮았다고 할 수 있다. 게다가 관인의 급여로서 괭이 등의 농기구까지 직접 현물로 지급되기도 했다. 즉, 이러한 현물까지 조세로서 공진돼야만 하는 상황이었다. 이러한 일본의 율령 재정을 '현물 공납 경제'라고 부른다.

(4) 쌀의 공진과 지급

공진된 쌀이 중앙에서 근무하는 관인들에게 전달되는 과정을 살펴보자. 매년 여러 지방에서 궁내성 대취료 앞으로 백미가 연료(용미春米)로서 보내진다. 대취료에서는 그것을 보관해두었다가, 예컨대 병위부兵衛部(병위는 지방에서 온 군사郡師의 자제로, 궁의 여러 요소에서 수위 역할을 담당했다)로부터 1개월을 주기로 다음 달 필요 분만큼의 의뢰 문서를 받고, 그에 따라 해당 분량의 쌀을 병위부로 보낸다. 병위부에서는 쌀을 쌓아두고 예속 근무처의 식료 담당자로부터 사용할 쌀의 청구를 받아 하루 단위로 분배한다. 이 청구 과정에 종이 문서뿐만 아니라 목간이 사용되곤 했다.

쌀의 공진 하찰 목간은 헤이조큐의 각지에서 출토되고 있다. 대취료에서 각 관청에 지급되는 경우에는 쌀가마니에 붙여진 채로 보내졌고, 최종적으로는 쌀가마니를 해체해 쌀을 분배하는 장소에서 수명을 다해 도랑이나 쓰레기 처리장에 버려졌다.

이외에도 조용물調庸物의 하찰 목간이 헤이조큐 내 각지에서 출토되는 것으로 보아, 이 경우도 일단 민부성이나 대장성에 보내지고 난 뒤, 역시 최종적으로 그 물품이 소비된 장소에서 목간이 폐기된 듯하다.

(5) 공진물 하찰 목간의 여행

공진물 하찰 목간의 유통은 다음과 같은 과정을 거친다. 지방에서 기재돼 서울로 보내지고, 헤이조큐 내에서 수납 혹은 보관되다 지급된 뒤 최종적으로 버려지는 여행이다.

이 여행을 통해 우리는 당시 헤이조큐의 관리들이 일상적으로 어떤 식료를 접했는지를 알 수가 있었다. 『속일본기』 같은 문헌자료 등은 "쌀과 소금 같은 사항은 번잡하기에 기록하지 않는"것을 편찬 방침으로 삼았기에, 당시 하급 관인들의 일상을 관찰하기 위한 제1차 사료로서 공진물 하찰 목간의 중요성은 두말할 나위가 없는 셈이다.

3. 청반 문서 목간

중앙의 궁내성 대취료에 보내진 쌀은 실제로 어떻게 사용된 것일까? 이 상황을 설명해주는 목간이 헤이조큐 유적에서 출토되고 있다.

헤이조큐 목간 100호

(앞)　額田　林　神　　日下部　, 服口

東三門　　　　北門　　　北部

各務　漆部　秦　縣　　　　大伴

(뒤)　合十人　　五月九日食司日下部太萬呂狀

187×22×2　011형식

헤이조큐 목간 100호는 궁내의 서궁西宮을 수위한 병위兵衛의 급식에 관한 목간이다. 동쪽의 삼문三門, 북문과 북쪽의 관청을 지킨 누카타額田 모, 하야시林 모, 미와神 모, 가가미各務 모, 누리베漆部 모, 하타秦 모는 병위들의 이름이다. 그들은 성씨만으로도 각 개인의 이름을 알 수 있는 관계였기 때문에 성만 쓰여 있다. 뒤쪽 면에는 이상 서궁을 지키는 병위 10인분의 식료를 5월 9일에 식사食司라는 기관의 담당자인 구사카베노 다마로日下部太万呂가 청구했다는 내용이 쓰여 있다.

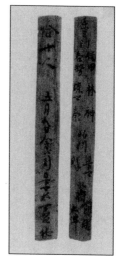

헤이조큐 목간 100호
(제공 나라문화재연구소)

이러한 목간을 청반請飯 목간이라고 부르며, 문서 목간 중에서 꽤 많은 수가 출토되고 있다. 그 중 하나인 나가오카쿄長岡京 목간 가운데 한 점을 골라 살펴보자.

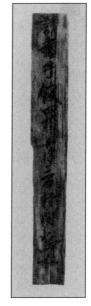

나가오카쿄 목간 14호

請書手飯四升 十月三日 輕間嶋枌

179×25×2 회나무 판자 011형식

이외에도 10월 4일, 10월 5일이라는 식으로 "청請, 서수반사승書手飯四升" 그리고 가루마노 시마소기輕間嶋枌라는 인명을 쓴 목간이 다수 출토되고 있다. 이는 태정관에서 문서의 서사를 담당하는 서기관인 '서수書手'에게 지급되는 식료를 가루마

노 시마소기라는 식료 담당 직원이 매일 청구하기 위해 발행한 문서 목간이다. 나라 시대에 국한되지 않고 관청에서 매일 식료의 청구와 지급이 행해진 것을 보여준다.

쌀 이외의 식료에 관해서도 다음과 같은 식료 청구 목간의 실례가 많이 보인다.

이조二條대로 목간

(앞) 米五斗 大豆一斗 小豆二斗 薪二十束

糯米五斗 大角豆二豆 炭二石 胡麻子一斗

(뒤) 胡麻油一斗 新小麥一石 打櫃二合

糖一斗　　小櫃二合　　合十三種 天平八年十一月九日內申

301×28×4　032형식

(1) 나가야오케의 식료 조달과 지급

나가야오케長屋王家 목간에서도 왕가 내에서 행해지던 일상적인 식료 조달과 청구 및 지급의 모습을 잘 살펴볼 수가 있다.

식료의 진상장 목간

○ (앞) 山背薗司 進上 大根四束 交菜四束 遺諸月

　(뒤) 和銅七年十二月四日 大人

　　　　　　나가야오케 목간 255×30×4 011형식

○　　　　加須津毛瓜 加須津韓奈須比

　進物 醬津毛瓜　　　　右種物 九月十九日

醬津名我

　　　　　　나가야오케 목간 253×33×4 011형식

○ (앞) 進上米一駄丁 阿倍色麻呂

　(뒤) 九月十六日火三田次

　　　　　　나가야오케 목간 314×27×5 011형식

○ 周防國 大嶋郡屋代里田部衰御調鹽三斗

　　　　　　나가야오케 목간 270×35×6 033형식

식료의 진상장 목간
(제공 나라문화재연
구소)

이 목간들을 통해 기나이畿內에 있는 채소밭을 담당하는 관청에서 채소 등이 보내져오고, 여러 지방에서 공적으로 서울로 공진된 특산품의 하찰 등도 나가야오케로 보내지고 있음을 알 수 있다.

식료의 청구, 지급 목간

○ (앞) 移 司所 米无故急夕進上又滑海

　(뒤) 藻一駄進上急夕 附幸男 十五日 家令 家扶

나가야오케 목간

○ (앞) 內親王御所進米一升

　(뒤) 受小長谷吉備 十月十四日 書史

나가야오케 목간

○ (앞) 牛乳持參人米七合五石 受丙万呂 九月十五日

　(뒤) 大嶋書史

나가야오케 목간

이 세 개의 목간은, 필요할 때마다 식료를 청구한 문서 목간과, 기비노 나이신노吉備內親王에게 진상하는 쌀을 가정家政 기관에서 지급할 때 언제·누가·얼마만큼 인수했는가를 기록한 지급 장부에 해당하는 목간, 그리고 '蘇蘇'(우유를 끓여 만든 치즈와 비슷한 유제품)를 만들기 위해 우유를 진상하는 사람이 있고 그에게 지급한 쌀에 대해 기록한 목간들이다.

제3부

다양한 목간들

(3) 공진물의 정보

서울로 보내지는 공진물에 하찰이 부착되고, 그에 여러 정보가 담기게 된 연원은 율령에서 공진제도에 대해 정리한 부역령 법령문에 나온다.

제1조 조견시調絹絁 조에서는 지방의 특산물로서 다양한 품목을 서울에 공진하는 내용이 규정돼 있다. 제2조 조개수근皆随近 조에는 "범위凡調, 개수근합성皆随近合成"이라고 표현돼 있는데, 이는 근처에서 모아 수합하라는 의미다. "견시포양두絹絁布兩頭"라는 표현에서 양두는 양쪽의 끝이라는 의미이다. 또한 "사絲와 면綿을 담는 보자기에는 빠짐없이 국·군·리·호주 명·연월일을 표시하라. 각국의 도장으로 날인하라"라는 표현은 국 이하 기재 사항을 묵서해 국인國印을 날인하라는 의미다.

예를 들어 설명해보자. 섬유 제품인 견絹, 시絁, 포布에 대해, 그 옷감反物의 양끝이나 사와 면의 경우에는 납입한 보자기에 반드시 어느 지방, 예컨대 사가미相模 국 가마쿠라鎌倉 군 가마쿠라鎌倉 리 호주戶主 모某나 호구戶口 이름 모某, 그리고 다이호 몇년 몇월 며칠이라는 식의 연월일을 쓰고, 직접 '상모국인相模國印'이라는 도장을 날인하라고 정한 것이다. 실제 쇼소인과 호류지法隆寺에 남아 있는, 지방에서 공진된 조용물의 섬유 제품이나 마포 등에 국·군·리, 호주 성명·호구 성명, 연월일이 쓰여 있고, 국인이 선명하게 찍혀 있다.

섬유 제품은 이렇게 물건에 직접 글자를 쓸 수 있다. 하지만 입체적인 물품의 경우엔 그것이 불가능하기 때문에 공진물 하찰 목간이 유용했다. 특산물 품목에는 섬유 제품 외에도 해산물 등 종류가 다양했다.

(4) 물품명 기재의 엄밀함

같은 공진물 하찰 목간이라도 다이호 령 전후로 기재법이 달라진다.
후지와라큐 목간의 예를 들어 보자.

후지와라큐 목간 166호

　(앞) 辛卯年十月尾治國知多評

　(뒤) 入家里神部身□□　　　　　　032형식 삼나무

후지와라큐 목간 655호

　(앞) 尾治國知多郡贄代里

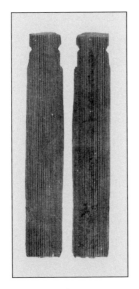 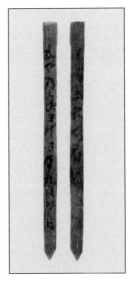

후지와라큐 목간 166호　　　후지와라큐 목간 655호
(사진제공 나라문화재연구소)　　(사진제공 나라문화재연구소)

이 양자를 비교하면 같은 오와리尾張 국 지타知多 군의 하찰 목간이지만 166호는 '신묘년 10월'이라는 아스카기요미하라飛鳥淨御原令 령 하의 '평評'제 시대의 목간이고, '오와리 국'의 국명 표기도 '尾張國'으로 확정되기 전보다 오래된 단계의 표기법이다. 반면 655호 목간은 다이호 령 하의 대보 3년(703)의 것으로 '국군리國郡里'제 시대(701~717년)의 목간이다. 166호에서는 연기年紀가 모두 10간干 12지支로 나타난 것에 비해, 다이호 령 이후의 655호에서는 부역령 조문의 규정 순서인 국·군·리·호주 성명 등이 쓰이고 말미에 연월일이 있다. 더욱이 연월일에는 원호를 사용하고 있고 간지가 보이지 않는다. 이러한 기재 형식의 변화가 다이호 령에 의한 것이다.

이렇게 연기 기재의 변화와 '평'에서 '군'으로의 변화로부터 알 수 있듯이, 공진물 하찰 목간은 각지에서 각자가 마음대로 쓴 것이 아니라 율령 조문에 준해 철저하게 기록된 것이다. 환언하자면 지방 관인이 임의로 쓴 수기가 아니라 당시 공진제도를 반영해 작성된 공적인 기재인 것이다.

한 가지 더 주목해보고 싶은 점은 물품명 기재의 엄밀함이다. 부역령에는 지방에서 서울로 공진되는 조용물로서 다양한 물품명이 기재돼 있다. 공진물 하찰 목간에 기록된 물품명, 가령 해산물인 상어의 경우 '사메佐米'라고 만요가나 두 글자로 표기된 것이 대부분으로, '사메鮫'라고 한자 한 글자로 쓰지 않는다. 물론 한자로만 표기된 사례도 있다. '아유年魚', '가쓰오堅魚' 등의 경우가 그런데, 표의문자인 한자로만 물품명이 표기돼 있다.

이러한 표기의 차이는 부역령 조문의 물품명 표기 방식에 달려 있다. 조문에 한자로 표기된 것들은 하찰에도 반드시 그 한자로 기재하고 있고, 조문에 물품명이 없는 것들에 대해서는 자유롭게 만요가나로 표기하고 있다. 공진물 하찰 목간에 표기된 문자들은 물품명 한 글자 한 구의 표기까지 빠트리지 않고 엄밀성을 기해 기재돼 있는데, 이는 그 당시의 공진물 제도의 모습을 체현한 정보라 할 수 있을 것이다.

(5) 중앙집권과 실물 공납 경제

공진물 하찰 목간에 의해 지방과 중앙을 연결하는 재정 체계가 명백해진다면, 고대 중앙집권제의 실태가 드러나게 되는 것은 아닐까?

예컨대 미케쓰御食 국의 공진물 하찰 목간들을 살펴보면, 방방곡곡이 향리제와 재정적으로는 실물 공납 경제에 의해 파악됨으로써, 고대 국가의 중앙집권제가 관철되고 있던 것으로 보인다. 와카사若狹의 소금, 오키隱伎와 시마志摩의 해조류, 아와安房의 전복처럼 각 지방 특산물이 중앙으로 보내지고, 그 실물들을 중앙에서 소비하는 경제가 진행된 것이다.

헤이조큐에서도 지방에서 보내져온 공진물이 고대의 궁도를 지탱하고, 천황과 귀족 그리고 관인들을 유지시켰다. 율령국가 단계에서 지방 호족들이 각지의 특산품을 천황에게 공진하고 봉사함으로써 그 관료제적 체제가 지속된 셈이다. 8세기 초의 나가야오케 목간 가운데 공진물 하찰 목간들을 보아도 지방에서 온 여러 가지 공진물에 의해

120

왕가의 부엌이 지탱되고 있던 사정을 잘 알 수 있다.

당시 여러 물자의 유통이 활발했다면, 조세로서 일부러 실물을 도읍까지 운반할 필요가 없을 것이고, 서울에서 발행한 전화錢貨에 의해 각지의 유통 물자를 시장에서 구입하면 그만이었을 것이다. 하지만 고대 일본의 사정은 그러지 못했다. 각지의 물자를 강제적으로 또한 정치적으로 중앙으로 운반시키지 않으면, 국가 재정과 중앙 경제가 유지될 수 없었다. 바로 이러한 공진물 공납 경제의 배경에 우리는 주목할 필요가 있다.

하찰 목간들을 살펴보고 있노라면, 중앙집권제가 차질 없이 관철되고 있는 듯 보인다. 거기엔 공진하지 않았다든가, 양을 적게 속인다든가, 조악한 물품을 보낸다든가 하는 내용은 보이지 않기 때문이다. 따라서 중앙집권제에 대해서는 하찰 목간 이외의 관점에서 생각해야 할 필요도 존재한다.

8세기 후반이 되면 조용물調用物들이 조악해지고, 나아가 조용 자체가 제대로 진행되지 않는 상황이 문제가 되기 시작한다. 특히 쌀의 경우가 그러했으며, 나라 시대 후반부터 헤이안 시대에 들어서면서 당시 국가 재정 구조는 거의 이에 대한 대책에 쫓기는 상황이 전개된다. 즉, 실태로서의 공진제가 기능하지 않게 되는 것이다.

예컨대 나가오카쿄 유적(교토京都 부 무코向日 시 등)에서 출토되는 하찰 목간들을 보아도, 공진제가 실현되고 있다고는 하지만, 중앙으로 운반되는 범위 내에서는 그것이 점차 기능하지 않게 되는 상황, 다시 말해 공진물 하찰 목간의 숫자가 줄어드는 것에 주목해야 한다. 결과적으로 공진물 하찰 목간의 사료로서의 제약도 고려할 필요가 있다.

2. 하찰 목간의 여행

지방의 국부, 군가, 향 단위에서 쓰인 공진물 하찰 목간은 공진물에 부착된 채로 국부에 모이고, 거기서 중앙인 헤이조큐까지 운반된다. 검수를 마치고 창고에 보관된 후, 필요한 때에 궁내의 소비 장소로 지급돼, 최종적으로 소비되는 단계에서 하찰은 물품에서 이탈돼 폐기된다. 마지막으로 그렇게 폐기된 하찰 목간이 발굴 조사에 의해 헤이조큐 유적에서 출토되는 것이다. 우리는 이러한 하찰 목간의 전체 여정을 생각할 필요가 있다.

서울로 보내질 때, 하찰은 항상 그 물품과 그것을 운반하는 사람과 함께 이동한다. 즉, 사람과 물자의 이동이 동시에 이뤄지는 셈이다. 고대 사회의 공진물 하찰 목간이 당시 사람들의 일상생활을 매개하는 이 기능에도 우리는 주목해야 한다.

(1) 검수

검수란 공진물을 서울로 보내는 경우 물품의 내용과 수량을 조사하는 일이다.

공진물을 중앙으로 보내는 경우, 우선 군 단위에서 수합이 이뤄진 뒤, 그것이 국부로 보내져 국 단위에서 공조사貢調使의 대열을 따라 중앙으로 운송을 개시한다. 출발 전부터 군가와 함께 국부 단계에서 공진물을 체크하지 않으면 안 된다.

예컨대 조용물이 섬유 제품인 경우에는, 최종적으로 국인을 찍어야 한다는 조문이 있기 때문에, 이 단계가 되면 국사는 반드시 중앙으로 운반하는 물품의 수량과 품질을 조사하게 된다. 이를 어길 시 근무 평정에 지장이 생긴다. 조용물이 조악하거나 수량이 부족한 경우에는 정식 수령문서인 헨쇼返抄를 중앙으로부터 받을 수가 없다. 조용물을 모두 완납하지 않으면, 근무 성적이 떨어지고, 나중에 다음 임지로 옮길때 좋지 않을 영향을 끼치기 때문에, 국사는 군사가 모아온 물품을 확실히 체크할 필요가 있었다. 다시 말해 국 단계의 검수를 시행하는 것이다.

나아가 중앙으로 운반된 경우도 쌀의 경우는 대취료에서, 조용물의 경우는 민부성과 대장성에서, 역시 여러 국에서 취합된 전체의 공진물을 대상으로 물품의 품질과 수량에 대해, 때로는 며칠에 걸쳐 확인한다. 그러한 검수 단계에서 하찰 목간은 중요하게 기능했다.

(2) 서울에서의 하찰 목간

서울까지 운반된 공진물 하찰 목간은 중앙에서 행해진 '공납 확인 의례'에서도 그 기능을 발휘했다. 전국을 지배하는 천황과 중앙 관리들은 지방에서 공진된 공진물들을 실제로 광장에 높이 쌓아 올려놓고, 그것을 지켜보는 의례와 의식을 거행했다. 중앙 귀족과 관인들에게 지방을 복속시킨다는 지배자 의식을 재확인하는 의례였다.

서울에서 공진물이 수납·보관되는 단계에서도 하찰 목간의 담당 기능이 있었다. 공진물과 함께 하찰 목간은, 쌀인 경우 궁내성의 대취료에, 조용물의 경우는 민부성과 대장성의 창고에 보관됐다. 보관될 때 쌀가마니와 조용물에 여전히 하찰이 붙은 채였기 때문에, 목간들은 물품 하찰로서의 기능을 담당한 셈이다. 대장성과 민부성의 관리는 지방에서 운반된, 예를 들면 특산물인 소금에 부착된 하찰을 보고서 이것은 와카사 국에서 몇 년도에 보내온 조염調鹽이라는 내용을 한번에 알아볼 수 있었다.

중앙의 보관 관사에서 공진물 하찰 목간이 물품에 붙은 하찰로서 어떻게 기능했는가는 출토 당시 상황으로부터도 추정 가능하다. 예컨대 언젠가 오키 국에서의 해조류에 부착된 하찰 목간이 한꺼번에 10점~20점 정도 뭉쳐 출토된 적이 있었다. 이렇게 뭉쳐서 출토된다는 것은 공진물이 관청에서 잘 정리돼 보관되다가 일시에 지급됐다는 것을 의미한다.

정리하자면, 공진물 하찰 목간은 여행 중에 종이 문서가 감당할 수 없는 독자적인 기능을 가지고 있었다. 지방에서 중앙으로 공진물이 보내지는 과정에서 하찰로서의 기능은 기본이거니와, 지방과 중앙의 검수 단계에서 각각 담당하는 기능이 있었다. 또한 중앙에서 시각적으로 공납을 확인하는 의식이 행해질 때 기능하는 역할이 있었다. 중앙의 보관 관사에서 공진물이 보관될 때는 물품 하찰로서도 기능했다. 최종적으로는 소비 장소로 옮겨졌을 때 지급받는 기관이나 관인들에게 물품의 내용을 확인시켜주는 수단이 되기도 했다. 오늘의 식료는 어느 지방의 쌀이고, 어느 지방의 전복이라는 식이었을 것이다. 헤이조큐 유적 내에서 출토되는 하찰 목간은 모두 이러한 여정을 마친 것이었다.

3. 여러 지방 하찰의 특징

(1) 와카사 국의 소금 하찰 목간

와카사若狹의 특산물로서 소금 하찰 목간은 후지와라큐와 헤이조큐의 목간들 중에서 많이 발견되는 것에 속한다. 와카사 목간을 보면 와카사 국 단위의 특징이 보인다. 즉, 오뉴遠敷 군에서의 조염이나 진상품인 니에贄의 하찰 목간과 미카타三方 군에서의 조염이나 하찰 목간과 비교하면, 군마다 하찰 목간 기재 방식에서 차이를 드러낸다.

오뉴 군 하찰 목간은 앞뒤 양면에 기재하고, 뒷면에는 연기를 기록한 경우가 많다. 그에 비해 미카타 군의 경우는 뒷면에 기재한 예는 없고, 연호가 쓰여 있지 않다는 특징이 있다. 이러한 서식과 기재 형식을 서로 비교하면, 오뉴 군과 미카타 군의 하찰 목간은 각 군마다의 특징이 있다고 할 수 있다. 이로써 미뤄보건대 군가 단계에서 공진물 하찰 목간이 만들어진다는 사실을 알 수 있다.

한편 쌀에 부착된 하찰 목간의 공진 주체를 검토해보자면, 개인이 공진자로서 쓰여 있는 경우, 국·군·향이 쓰인 경우, 그 이외의 이웃을 의미하는 '오보五保'의 단위가 쓰인 경우가 있다. 이것의 의미는 쌀을 공진할 때 나락을 찧어 공진용의 백미를 만드는 담당자 혹은 공진의 주체자가 아닌가 한다. 이렇게 다양한 방식으로 기재된 사실로 미뤄어보건대, 군가보다 더 하위 단계에서 하찰 목간이 만들어졌다고 볼 수도 있겠다. 국부와 군가 그리고 군가 이하를 포함해 다양한 공진물 하찰 목간이 만들어지는 경우를 생각해볼 필요가 있는 셈이다.

(2) 오키 국의 목간

동해에 떠 있는 섬인 오키隱伎 국(지금의 시마네島根 현 오키 군)은 고대의
이즈모出雲 국이나 이와미石見 국과 대등한 정도의 지방이었다. 크게
나누자면 네 개의 섬으로 이뤄져 있고, 혼슈本州에서 가까운 세 개의
섬으로 이뤄진 도젠島前과 멀리 있는 큰 섬인 도고島後로 나뉜다. 이 섬
지방에서 탄생한 공진물 하찰 목간이 헤이조큐 유적에서 약 60점 이
상 출토됐다.

오키 국 목간의 형태를 보자면, 완전한 형태로 남아 있는 것의 평균
길이가 12.6센티미터로 비교적 짧은 편이다. 그리고 장방형의 상하
양단에 좌우에서 홈을 넣은 형식(031형식)이 압도적으로 많다. 한 가지
더 주목할 부분은 목간의 재질로 삼나무가 많다는 점이다. 재질 감정
을 한 18점 중 12점이 삼나무이고, 나머지 6점이 노송나무였다. 헤이
조큐 유적 출토 목간 중의 60퍼센트 이상이 노송나무이고, 삼나무가
그다음이다. 이에 비해 오키 국에서는 노송나무보다 삼나무의 비율이
현저히 높다.

당시 나무는 서사 재료로서 종이에 비해 간단히 입수할 수 있고, 누
구라도 작은 칼만 있으면 정형해 목간을 만들 수 있었다. 때문에 당시
사람들은 견고하며 신축성이 있고 세공하기 쉬운, 그리고 먹이 스며
들기 쉬우면서도 번지지 않는 재질의 나무를 경험적으로 알고 있었을
터였다. 따라서 헤이조큐 목간에서 노송나무가 많고 다음으로 삼나무
가 많다는 것은 이러한 재질이 목간에 적합하다는 방증인 셈이다.

더욱이 중국의 서역, 건조한 돈황敦煌이나 거연居延 지역에서 사용

126

되고 있던 간독簡牘(진과 한나라 시대의 목간으로, 일본 목간보다 수세기 전의 목간)은 대부분 사막에서 잘 자라는 나무를 사용하고 있었다. 목간에 사용하는 나무의 재질에 대해 당시의 관인들은 주목하고 있었으며, 이런 점에서 오키 국 목간 재료로서 삼나무의 비중이 높다는 것은 하나의 특징으로 여겨진다.

오키 국 목간의 기재 형식에도 커다란 특징이 있다. 우선 목간의 한 면에만 기재했다는 점이다. 길이가 짧은 목간이기에 한쪽 면에 기재하는 정보량이 많지 않음에도 불구하고, 뒤편에는 아무것도 기재하지 않았다. 이는 대부분 해조류에 부착된 하찰들로, 해조를 담은 상자에 부착할 때의 장식법과 관계된 것으로 볼 수 있다. 짧은 재료의 표면에 쓸 수 있는 글자 수에는 한계가 있기 때문에 일부는 2행으로 기재돼 있다. 이처럼 재료의 형태상의 특징과 기재의 형식상의 특징이 대응하고 있다.

석문釋文에는 국과 군이 1행에 보이고, 향명 이하의 공진자와 공진물명, 물건의 수량과 수효 그리고 연기가 2행 째에 있는 경우가 많다. 이러한 기재 형식은 오키 국 네 군 모두가 채택한 방식으로서, 앞서 설명한 와카사 국의 경우처럼 군마다 제각각인 경우와는 구별된다.

다음으로 오키 국 목간의 기재 내용을 보면, 후지와라큐 시대(694~710년)의 다이호 령 이전의 목간의 경우에는 지부리평知夫利評, 해평海評, 차평次評(주길평周吉評) 등 오키 국의 국명을 생략하고 평으로 기재하는 사례가 대단히 많이 보인다. 공진물은 미역軍布와 김乃利 등의 해조류가 많은 것이 특징이다.

이처럼 후지와라큐 목간에서는 평의 이름부터 기재하기 시작한 예가 많지만, 헤이조큐 목간이 되면 다이호 령의 부역령 조문에 의해 국명부터 쓰도록 돼 있다. 짧은 목간인데도 불구하고 국·군·리, 호주성명, 연월일을 모두 쓰게 돼 있는 것으로 보아 일부 기재 사항은 2행 쓰기가 실행됐다. 또한 헤이조큐에서 발굴되는 오키국 목간은 모두 '오키국隱伎國'이라고만 쓰고 있고, '오키국隱岐國'이라는 표기는 한 번도 나오지 않는다. 즉, '오키국隱伎國'이 지방 관인들이 정식으로 중앙에 보내는 물품에 부착한 하찰에 기재하는 방식이었고, 또한 이것이 나라 시대의 정식 국명 표기였다고 할 수 있다.

덧붙여『속일본기』에서는 '기伎'와 '기岐'가 절반 정도씩 기재돼 있으며, 육국사 중의 하나인『일본후기』에서는 모두 '오키국隱岐國'으로 돼 있기에, 나라 시대 말에서 헤이안 시대 초기까지는 '기伎'가 공식적이며 일반적으로 사용되다가, 그 후 점차 변화해 국명 표기가 통일돼 간 것임 알 수 있다. 이렇게 지방의 역사도 헤이조큐 유적에서 출토된 공진물 하찰 목간들에 의해 밝혀질 수 있었다.

해조류의 공진

공진물 품목으로는 '군포軍布', '해조海藻', '해송海松', '자채紫菜', '내리乃利' 등이 있었고, 덧붙여 헤이조큐 유적에서 출토되는 공진물 하찰 목간 중에는 해산물 가운데 해조류가 상대적으로 많다. 관인의 일상적인 급식 중에 해조가 차지하는 비율이 매우 높은 것으로 보아, 밑반찬으로 해조류를 먹었던 것 같다. 해조류에는 종류가 많아 나라 시대의 귀족과 관인들은 해조류를 보면 '와카메(미역)', '가지메(다시마)', '무라사키노리(돌김)', '미루(파래)', '노리(김)' 등의 구별이 가능했다고 한다. 이처럼 중앙의 식탁에서도 중요시됐던 해조류를 공진하는 지방이 바로 오키 국이었다.

와카사의 경우 공진물에 '조염調鹽'이 많고, 소금을 대량으로 서울에 보냈다. 오키 국은 주로 해조류를 보내고, 와카사 국은 주로 소금을 보냈다는 것을 보면, 지방마다 공진물을 부담하는 어떤 구분이 있었던 것으로 보인다.

미케쓰 국 오키

오키 국은 서울에서 멀리 떨어진 섬이었음에도 불구하고, 중앙 귀족들과 관인들의 식탁에 중요한 영향을 미치는 섬이었고, 특히 해조류를 중앙에 보내는 역할을 담당했다. 섬 여기저기 구석구석 흩어져 있던 가구 군락을 당시는 향으로 파악했는데, 50호로 편성돼 있었다. 그리고 주민들은 공진물 하찰 목간에 자신의 이름까지 기재하고 있었다.

와카사 국처럼 중앙의 식재료를 감당하는 역할의 지방을 미케쓰御食 국國이라 부른다. 대표적인 미케쓰 국으로 와카사 국과 시마志摩 국이 떠오르지만, 오키 국도 미케쓰 국으로 여겨졌다. 미케쓰 국은 중앙의 식재료 유지뿐만 아니라, 배제할 수 없는 중요한 의의를 가진 지역이었다.

(3) 아와 국의 목간

미케쓰 국의 하나로 꼽히는 아와安房 국을 보자. 보소房総 반도의 끝이 아와 국이다. 아와 국의 하찰 목간은 헤이조큐의 나가야오케 목간과 같은 시기에 출토된 약 5만 점이나 되는 이조대로二條大路 목간 가운데 많이 보인다. 이조대로 목간이 출토된 유구는 노면 끝에 물건을 던지기 위해 파놓은 고랑으로, 목간을 포함해 이러저러한 물품이 폐기되고 비교적 단기간에 다시 메워졌다.

아와 국은 718년(요로養老 2)에 가즈사上總 국 가운데 헤구리平群 군, 아와安房 군, 아사히나朝夷 군, 나가사長狹 군 등의 네 군으로 설치됐다. 이후 741년(덴표 13)에 다시 가즈사 국으로 병합되고, 757년(덴표호지 원년)에 다시 분립해 긴 시간 동안 존속했다.

이조대로에 발굴된 아와 국 목간은 735년(덴표 7)의 목간이 압도적으로 많다. 일괄적으로 출토되고 있는 공진물 하찰 목간을 살펴보면, 공진물의 대부분을 전복이 차지하고 있다는 점이 특이하다. 아마 아와 국 전복이 연회를 위한 재료로 공양된 뒤, 그 하찰 목간들이 한꺼번에 버려진 것이 아닌가 한다.

아와 국 목간의 모양새는 오키 국의 그것과 완전히 다르다. 형식은 대부분 상하 양쪽 끝 좌우에 홈을 판 장방형의 목간(031형식)들로서 오키 국 목간과 유사하지만, 오키 국 목간의 길이가 평균 12센티미터 남짓인 것에 반해, 아와 국 목간은 평균 32.5센티미터로 길다.

하지만 비교적 긴 목간이라고 해도 내용 전부를 1행으로 쓰는 기재 방식을 택하지는 않았다. 하단부 우측에 수량, 좌측에 연월일을 적어 대부분 2행 방식이다. 오키 국과 마찬가지로 뒷면에는 기재하지 않았다. 이렇게 긴 모양새에 한 면에만 기재한다는 특징은 전복에 매다는 방법과 연관이 있을 것이다.

기재 순서는 국·군·향·리·호주 성명·호구 성명 순이다. 덴표

7년(735)은 거의 '향리제'가 시행되던 시대(717~740년)로, 50호 1향의 향 밑에 향을 다시 세분한 고자토里가 기재돼 있다. 이어 '수輸'라는 문자가 들어가는 경우와 그렇지 않은 경우가 있으며, 그 다음은 '아와비鰒'라고 쓴다. 공진 품목은 거의 전복이다.

향 단위의 서식

아와 군 목간의 기재 방식을 예로 들어 살펴보자. 오이大井 향의 것으로 추정되는 한 목간에 적힌 문장 "안방국안방군대정향소야리호주성부인마여호성부도마여수복조육근安房國安房郡大井鄕小野里戶主城部忍麻呂戶部稻麻呂輪鰒調六斤 육십조六十條 천평칠년시월天平七年十月" 가운데, "수복조輸鰒調"라는 기재 부분에 주목하고 싶다. 이 부분은 시오미鹽海 향, 도카利鹿 향, 시라하마白浜 향, 고요公余 향의 목간에서도 똑같이 발견되는 부분이다.

이들과 달리 히로세廣瀨 향의 것들은 "수복조輸鰒調"가 아니라 "수조복輸調鰒"이라고 글자의 순서를 바꾸거나 '수輸' 자가 아예 없다. 아와 군 이외의 군들의 향들, 예컨대 아사히나 군의 다케타健田 향에서는 "조복調鰒"이라고도 쓰고 있다. 이렇게 향 단위로 '조복調鰒'이라는 서식을 각각 달리 취하는 사실에서 유추해보건대, 목간의 기재는 향이라는 행정 단위를 중심으로 실행된다는 사실을 알 수가 있다.

수복조輸鰒調周라고 표기된 목간(사진제공 나라문화재연구소)

목간의 내용

누차 거론됐듯이, 목간의 내용은 전복 공진에 대한 것이 압도적이다. 덧붙여 국명의 변경 역시 목간 내용상 주목할 만한 부분이다.

목간에 보이는 아와의 국명을 살펴보자면, 옛 시기 후지와라큐 목간 가운데 '군평 논쟁'에 결론을 지은 '상협국아파평송리上挾國阿波評松里'라는 목간이 있다. '아와노 고리阿波評'에서 '아와阿波'는 도쿠시마 현의 '阿波'를 문자 그대로 쓰고 있고, 후일 헤이조큐 목간 가운데 가즈사上總 국 시대의 목간에서도 역시 '아와阿波'를 사용하고 있던 것에 견주어, 718년 아와 국이 분립하고 난 다음부터 목간에는 모두 '아와安房'라고 쓰고 있다. 아와 국 분립 때에 국명 표기와 군명 표기가 아와阿波에서 아와安房로 변한 것이다. 같은 아와의 국명과 군명이 헷갈리는 것을 방지하기 위해 아와阿波에서 아와安房로 바꾼 것이라고 생각할 수 있다.

『다카하시우지부미』[1]

아와 국 목간의 특징들만을 정리했지만, 이외에도 아와 국의 경우에는 문헌 사료 쪽에도 주목할 사료가 두 가지 남아 있다. 그것은 헤이안 시대 전기의 두 중앙 씨족의 전승 자료이다.

먼저 다카하시高橋 씨의 『다카하시우지부미高橋氏文』이다. 다카하시 씨는 원래 가시와데膳 씨에서 개칭한 것으로, 헤이안 시대 전기에

생긴 해당 씨족의 전승이 『다카하시우지부미』이다. 그 전에 『일본서기』게이코景行 천황 조를 살펴보자. 게이코 천황이 사가미相模 국에서 바닷길로 아와노 미나토淡水門를 건널 때 대합을 얻은 이야기가 있다. 가시와데 씨의 먼 조상인 이와카무쓰카리磐鹿六鴈가 대합을 회로 쳐서 바쳤는데 매우 맛이 좋아 천황이 이와카무쓰카리를 칭찬하고 가시와데노 오토모베膳大伴部를 하사했다는 기사가 있다. 이 이야기와 결합한 것이 바로 『다카하시우지부미』다. 그 씨족 전승을 살펴보자.

『본조월령本朝月令』이 인용하는 『다카하시우지부미』를 보면, 역시 천황과 황후가 가즈사 국 아와의 부도浮島 궁에 갈 때 이와카무쓰카리 노미코토가 따라서 갔다. 태후가 보기 드물게 우는 새를 구경하기를 원하기에 그것을 잡으러 갔는데, 새는 잡지 못하고 대신에 가쓰오와 커다란 조개를 잡아 요리해 헌상했는데 매우 기뻐했다고 한다. 이 내용이 이와카무쓰카리 노미코토가 천황의 식사를 담당하는 가시와데 씨의 조상이라는 전승과 합쳐져 가즈사 국의 아와의 신을 미케쓰카미御食都神로 삼았다는 내용이다.

헤이안 시대가 되면 내선사內膳司의 장관 관직은 대대로 다카하시 씨(원래는 가시와데 씨)와 아즈미安曇 씨의 두 씨족이 담당하게 됐다. 정리하자면, 『다카하시우지부미』는 이렇게 다카하시 씨가 스스로 천황의 식사를 담당하는 유서 있는 씨족이라는 것을 강조하는 씨족 전승인 셈이다.

비슷한 전승은 헤이안 시대에 만들어지고 각 씨족의 유래를 기록한 『신찬성씨록』이라는 사료에 보인다. 게이코 천황이 동국을 순행할 때 큰 대합을 대접받고 크게 기뻐해 '가시와데우지膳臣'라는 성을 내려 주었다는 기록이 있다. 또한 『신찬성씨록』의 가시와데노 오토모베의 유래는 가즈사 국의 아와노 미나토에서 역시 대합을 얻어 이와카무쓰카리가 이를 바치자 이를 칭찬하며 가시와데노 오토모베라는 성을 받았다는 전승이다.

이들 씨족 전승, 즉 중앙에서의 전승은 당시 사실로서 그대로 신뢰할 수는 없지만, 그것과 대응하는 기사 중에는 비교적 신뢰할 만한 것들이 있다.

고대 사료 중의 아와

『연희식』의 내선사식內膳司式을 보면, 천황을 위한 식사인 '공어월료供御月料'로서 천황에게 바치는 식사 중에 '동복東鰒'이 45근 있다. 『연희식』의 다른 동복들을 살펴보면, 대부분 아와 국의 전복이다. 따라서 동복이라고 쓰고 있는 경우도 아와 국의 전복을 포함하는 경우가 꽤 있다. 또한 '아와 잡복雜鰒'이 23근 4량이다. 이는 아와의 전복이 특산품으로 중앙에 알려지고 있었다는 사실을 알려준다. 이렇게 아와 국의 전복 공진은 오키 국의 해조류와 와카사 국의 소금처럼 매우 각별한 것이었다.

이상과 같이 나라 시대의 아와 국에 오토모베가 존재하고 있었으며, 다카하시 씨와도 강한 연계가 있었다는 사실이 정리됐다. 다만 다른 한 가지, 『본조월령本朝月令』이 인용하는 『다카하시우지부미』에 "아와의 대신은 '어식도신御食都神(御食津神)'으로 '대선직大膳職²'의 제신이다"라는 표현이 있다. 즉, 중앙의 대선직에서 제사를 지내는 신 가운데 아와 국의 아와 대신이 있고, 그것이 바로 어선도신이라고 하

134

는 설이 헤이안 시대의 『다카하시우지부미』를 통해 믿어지고 있었다는 의미다.

『고어습유』

아와 국과 결합하는 또 하나의 씨족 전승은 인베齋部(忌部) 씨의 『고어습유古語拾遺』로, 이 역시 헤이안 시대에 성립된 것이다. 그에 따르면, 아메노토미노 미코토天富命가 아와의 인베를 나누어 동쪽으로 가서 마를 심었더니 거기서 마가 많이 났기에 후사노 구니總國가 됐다고 한다('總'은 '麻'의 고어). 나중에 가미쓰후사上總와 시모쓰후사下總로 나누어지고, 또한 아와의 인베(『고어습유』에서는 '忌部')를 나누어 살게 한 땅이 바로 나중에 아와 국이 됐다. 목간에서 '아와安房'를 원래 '아와阿波'로 표기했다고 하는 것과 대응하는 것이다.

아메노토미노 미코토는 인베 씨의 조상인 아메노후토타마노 미코토天太玉命를 제사 지내는 신사를 아와에 세웠다. 그것이 바로 아와 신사이고, 그 간베神戸가 인베 씨라는 씨족 전승이다. 『연희식』에도 아와 국의 아와 신사(훗날 아와 국의 일궁)는 '명신대사'이고, 매달 같은 니나메新嘗[3]에도 국가적으로 봉납하고 있었다는 것을 알 수 있다. 또한 아와 국의 아와 군은 아와 신사를 위한 신군神郡이었다.

이 씨족 전승과 대응하는 것이 아와 국의 공진물인 마포麻布이다. 『연희식』을 보면, 아와 국의 특산품으로는 여러 색깔의 가는 포와 여

---

2 제1장 주3 참조.
3 가을에 추수한 곡물을 신에게 바칠 때, 천황 스스로가 그것을 먹는 행위를 일컫는다.

러 종류의 전복⁴ 등이 있고, 그 외에도 세포細布, 조포調布 그리고 범복凡鰒 등이 열거돼 있다. 포 중에서는 가는 포와 올이 가는 사요미貲布가 품질이 매우 좋았으며, 전복은 귀의 유무에 따라 다양한 종류가 있었다. 이처럼 아와 국이 부담한 특산물 가운데 고품질의 포인 마포와 전복 두 가지가 대표적이었다.

아와 국의 가는 포는 『속일본기』에서도 유명하다고 언급될 만큼 중앙에까지 그 이름이 높았다. 아와 국에서 중앙으로 운반된 포의 일부는 쇼소인에도 남아 있으며, 포 자체에 기입한 묵서명도 자주 보인다.

---

4 조자복鳥子鰒, 도도기복都伐鰒, 방이복放耳鰒, 착이복着耳鰒, 장복長鰒 등이다.

제8장 문서 목간의 세계

1. 문서 목간

(1) 소환장 목간

소환장 목간은 문서 목간 가운데서도 가장 일반적인 용례다. 시급하게 누군가를 소환해야 할 때 종이 문서에 필기해 도장을 받는 식의 번거로움을 피하기 위해 이렇게 간편한 목간이 사용됐으리라 생각된다.

헤이조큐 목간[1]

◇ (앞)　　　　津島連生石　　　　　　春日椋人生村[宇太郡]

　　　　　召急山部宿禰東人[平群郡]　　三宅連足島[出辺郡]

　　　　　忍海連宮立[忍海郡]　　　　大豆造今志[廣背郡]

　　　（뒤）刑部造見人　　　　　　　和銅六年五月十日使葦屋

---

1 『平城宮発掘調査出土木簡概報』六, 5쪽 상단

小長谷連赤麻呂　　右九　　椋人大田 充食馬

小長谷連荒当[志貫上郡]

　헤이조쿄에 천도한 지 얼마 되지 않은 와도和銅 6년(713)에 헤이조
큐 내의 관사로부터 야마토 국에 거주하는 하급 관인들 가운데 아홉
명을 갑자기 소환하는 내용의 목간이다. 사자使者인 아시야노쿠라히
토노 오타葦屋椋人大田가 해당 목간을 휴대하고 야마토 국의 여러 군을
돌며 소환하는 내용을 전한 것으로 보인다.

　이는 공무상의 인력 소집으로서 오가는 도중 사자와 소환자에게
식사와 말의 공급을 보장하는 '식마食馬'라는 글귀가 붙은 것이 이 목
간의 특징이다. 헤이조큐에서 출토된 것으로 보아 이 목간은 사자인
위옥량인대전이 계속 휴대한 채 소환하러 다니다가 아마도 궁내의 관
사에서 기능을 마치고 폐기됐을 듯하다.

(2) 숙직찰

◇　　　　　　　少充從六位上紀朝臣直人

大學寮解 申宿直官人事

　　　　　　　　神護景雲四年八月三十日

　　헤이조큐목간 3751호　　　300×40×1 檜 판목　011형식

　중앙 각 관청은 밤宿과 낮直에 근무하는 관인의 이름을 담당 부서인
식부성에 날마다 보고해야만 했다. 이 일간 보고에는 종이 문서가 아

니라 일정 서식을 갖춘 문서 목간이 사용됐다. 그리고 이를 숙직찰이라고 불렀다.

숙직찰 목간은 게부미解文[2]의 형식을 취하는데, 필요 사항만 기재하고 전달하는 일반적인 기술 방법이라고 할 수 있다. 헤이조큐 동남부에 위치하는 식부성의 발굴 조사에서는 각 관청의 단책형(011형식) 숙직찰이 다수 출토됐다. 관사명과 '해解'라는 제목 아래 2행으로 숙직관의 인명과 그 일부를 좌우에 기재하는 방식으로 한 면에만 기재했다. 이 숙직찰을 1개월 모아 종이 문서에 기재하면 1개월분의 모관사 숙직 기록이 종이 장부로 만들어지는 셈이었다. 이 목간들은 식부성에서 그 기능을 다해 폐기된 것으로 보인다.

(3) 서장 목간

서장書狀 문서 목간은 헤이조큐 목간에서는 그 사례가 많지 않다. 여기서는 7세기 후반으로 거슬러 올라가는 오미近江 국(시가滋賀 현) 출토의 서장 목간을 소개하기로 한다.

니시가하라모리노우치 유적 출토 목간

◇ (앞) 椋□□之我□□稻者□□得故我者反來之故是汝卜マ

(뒤) 自舟人率而可行也 其稻在處者衣知評平留五十戸旦波博士家

---

2 율령제에서 여러 관청으로부터 상급 관청이나 태정관으로 상신하는 공문서를 이른다. 다른 말로는 해장解狀 혹은 해解라고도 한다.

니시가하라모리노우치西河原森內 유적(시가 현 야스野洲 시)은 비파호 호반에 위치한다. 벼의 수확과 보관 및 관리를 담당했던 유적으로서 호수를 통한 교통의 요충지에 존재했다. 바로 이 유적에서 서장 목간이 출토됐다.

시기는 7세기 후반기로 추정되며, 오미 국에서 벼의 운반과 관련된 지시 사항 등에 대해 주고받은 내용을 '화화한문和化漢文'(일본어의 어순으로 표기한 한문)으로 쓴 문서 목간이다. "양椋(직直) 모라는 사람이 가지고 간 벼는 말馬이 없어 운반할 수가 없었기에 돌아왔다. 그러니 복부卜部 모는 뱃사람들을 데리고 가서 운반하기 바란다. 벼를 둔 장소는 에치衣知 평(나중 아이치受智 군)의 헤루平留 리(오십호)에 있는 나니와노 후비토旦波博土라는 사람의 집이다"라는 내용이다.

니시가하라모리노우치 유적은 효케評家(구케郡家)가 아닌 것으로 보아 효지評司(군지郡司)가 아닌 벼의 운반 실무를 담당하던 사람들이 문서 목간으로 정보를 전달하고 있었다는 사실을 알려준다. 서장 목간이 출토된 니시가하라모리노우치 유적은 벼가 출토된 에치 군의 헤루 유적과는 거리가 떨어져 있기 때문에 이 서장 목간을 받은 곳인 복부나 운반 장소에 해당되는 것은 아닐까 여겨지고 있다.

2. 문서 목간의 기능

문서 목간이 담당한 다양한 기능에 대해 과소過所 목간, 고선考選 목간, 고지찰告知札, 방시찰牓示札 등의 사례를 들어 정리해보자.

(1) 과소 목간

율령의 공식령 22조에 보이는 과소는 고대의 통행증에 해당하는 문서다. 양노령의 조문에 보이는 서식은 다음과 같다(『영의해令義解』 공식령 22조).

◇ 過所式

其事云云. 度其關王其國

其官位姓. [三位以上, 稱卿] 資人. 位姓名. [年若干. 若庶人稱本屬.] 從人.

其國其郡其里人姓名年. [奴名年. 婢名年] 其物若干. 其毛牡牝馬牛若干疋頭.

　　年　月　日　　　　　　　　主 典 位 姓 名

　次 官 位 姓 名

　　右過所式. 竝令依式具錄二通, 申送所司. 々々勘同, 卽依式署. 一通留爲案,

一通判給.

공식령 40조 천자신새天子神璽 조의 『영집해令集解』가 인용하는 「고기古記」(다이호大寶 령의 주석)에 의하면, "주에 '과소 부符[3]는 편의에 따라 죽목竹木을 이용하라'는 것의 의미는 와도和銅 8년(715)의 5월 1일 격格에 이르기를, 이제부터 모든 지방의 과소는 국인國印을 이용해야 한다"라는 것과 상통한다. 즉, 과소 부는 종이 문서만이 아니라 목간의

---

3 율령제 하에서 상급 관사가 직속 관사 앞으로 보내는 공문서나 그 형식을 이른다. 이 부의 반대 문서 형식은 해解라고 한다.

형식도 정식적으로 사용됐음을 알 수 있다.

다만 『속일본기』의 레이키靈龜 원년(715) 5월 삭조에 보이는 "지금 부터 여러 지방 백성들이 왕래하는 과소에 해당 지방의 인을 사용하라"라는 칙에 의해, 지방에서 발행되는 과소에는 국인이라는 날인이 필요했다. 이 제도에 의해 과소 목간은 사용되지 않고 종이 과소만이 남게 된다. 그러나 다이호 령(701년)의 주에는 "과소 부는 편의에 따라 죽목을 사용하라"라는 표현이 있기 때문에, 정식으로 대나무와 나무의 사용이 인정되고 있었다. 그러다가 715년에 제국 백성의 과소에는 국인의 날인이 정해지고, 종이 문서로 한정되게 됐던 것이었다.

헤이조큐 유적에서 주작대로 하층에서 발견한 헤이조쿄 천도 이전 직선의 관도인 시모쓰미치下ツ道[4]의 길가 도랑에서 과소 목간의 실례가 출토되고 있다.

헤이조큐 목간 1926호

◇ (앞) 關關司前解近江國蒲生郡阿伎里人大初上阿□勝足石許田作人

　　　　大宅女石二人左京小治町大初上笠阿曾彌安戸人右二

(뒤) 同伊刀古麻呂

　　　　送行乎我郡 鹿毛牝馬歲七　　里長尾治都留伎

　　　　　　656×36×10　　011형식

---

4 7세기 중엽에 나라 분지를 남북으로 달리는 길을 대도大道와 시모쓰미치로 나누어 정비했다. 시모쓰미치는 고대 관도의 한 종류이다.

이 목간은 길이가 65.6센티미터로 비교적 크다. 내용을 가늠해보면, 오미近江 국(시가 현 가모蒲生 군 아키阿伎 리)에서 후지와라쿄(694~710년)로 가는 아키노스구리이토코마로阿伎勝伊刀古麻呂와 오야케메大宅女石 두 사람이 말과 함께 검문소를 통과한다. 오미 국에서 야마시로山背국을 거쳐 우타히메歌姫 가도에서 나라 산을 넘어 후지와라쿄가 있는야마토 국의 나라 분지 북단으로 내려온 지점에서 더 이상 이 통행증이 필요없게 되자 폐기한 것으로 보인다. '국 · 군 · 리'가 기재된 것으로 보아 사용된 시기는 다이호 령(701년) 이후이며, 헤이조쿄 천도(710년) 이전일 것이다. 실제로 오미에서 야마토까지 가는 데 사용된 과소목간의 실례라고 할 수 있다.

(2) 고선 목간

식부성에서는 관인의 근무 평정(고과考課)과 인사(선서選叙)에 관련된목간이 대량으로 출토됐다. 매년의 근무 평정인 고과와 일정 연한(주로 6년)의 고과를 적립해 위계 승진의 기회인 선서 사무 때 관인 한 사람당 한 장의 고선考選 목간이 사용됐다. 하급 관인은 일 년 근무 일수인 상일上日을 채운 경우에 상 · 중 · 하의 평가를 받게 되고, 이러한평가가 매년 계속돼 6년째에 위계가 한 단계 상승하는 시스템이었다.

고선 목간은 단책형으로 측면에서 구멍을 뚫은 015형식이 주다. 작은 구멍에 실을 꿰어 카드식으로 이용했으며, 관청별 · 위계별로 배열됐다. 사용 후 이듬해에 표면을 작은 칼로 깎아내 새로운 평점 등을추가했다. 깎아 내버린 찌꺼기가 1만 점 이상이나 출토되기도 했다.

헤이조큐 목간

◇ [去上] 位子從八位上伯禰廣之年三十二

河內國 安宿郡

392×31×4　015형식

◇ (앞) 少初位下高屋連家麻呂年五十　六考日竝千九十九[六年中]

右京

(뒤) 陰陽寮

289×30×9　015형식

◇ 依遣高麗使廻來天平宝字二年十月二十八日進二階級

248×20×4　檜·柾目　015형식

　첫 번째는 가와치河內 국 아스카베安宿 군 본적을 갖고 있는 32세 백네광지伯禰廣之라는 '이시位子'[5]로서, 종팔위從八位 이하의 하급 관인이 작년에 '상上'의 근무 평정을 획득했음을 기재한 고선 목간이다. 두 번째는 음양료에 속하고 우경에 본적을 갖는 소초위少初位 이하의 다카야노 무라지마로高屋連家麻呂라는 하급 관리가 6년간 '중中'의 고과를 거듭한 끝에 승진해 드디어 한 등급 위계가 상승한 것을 기재한 선서 목간이다. 50세라는 연령을 볼 때 그의 진급 속도는 몹시 더딘 편이었다. 세 번째는 바다를 건너 특명을 완수함으로써 두 계급 특진한 관리들의 고선 목간의 표제다.

---

5 율령제 하 고대 일본에서 관인의 임용 자격 가운데 하나로, 내위육위內位六位 이하 팔위八位 이상의 적자를 이른다.

(3) 고지찰

헤이조큐의 좌경 1조 3방 대로 동쪽 고랑에서 헤이안 시대 초기의 대형 알림 목간告知札이 네 점 출토됐다.

◇ 告知 往還諸人 走失黑毛牝馬一匹在駿片目白

額少白

件馬以今月六日申時山階寺南花薗池辺而走失也　九月八日

若有見捉者可告來山階寺中室自南端第三房之

993×73×9　051형식

◇ 告知捉立鹿毛牝馬一匹??右馬以今月一日辰時依作物食損捉立也而于今日未來其主

驗額髮□??件馬□可來??□□　天長五年四月四日

1134×51×7.5　051형식

덴초天長 5년(828) 경의 자료로서, 크기는 큰 편이며 상단은 네모지고 하단은 뾰족한 형태다(051형식). 하단에는 문자를 기재하지 않고, 표면에만 기재했다. 하단부를 제외하고서 표면이 풍화돼 있다는 점이 공통적이다. 판단건대 땅속에 꼽아놓고서 왕래하는 사람들이 보도록 고시한 것이다. 기재된 내용을 살펴보면, 고지 대상, 분실하거나 습득한 물건의 종류와 특징, 분실하거나 습득한 일시와 장소, 고지의 주체와 고지하는 연월일 등이다.

금제禁制를 내용으로 하는 헤이안 시대 초기의 태정관부太政官符 중에서는 "여러 조방과 요로에 명백히 방시牓示⁶를 설치하라"는 문장 (『유취삼대격類聚三代格』엔랴쿠延曆 11년, 792년 7월 27일의 태정관부)과 "요로에 방시하고 분명히 고지하라"는 문장(『유취삼대격』 고닌弘仁 4년, 813년 6월 1일의 태정관부) 등에 이와 관련된 내용들이 보인다.

율령에서 사례를 찾아보면, 구목廐牧령 24조인 난유물闌遺物 조에 "난유물(유실물)은 5일 이내에 관청에 신고"해야 하며, 포망령 4조인 망실가인亡失家人 조에 "망실한 물건은 관사에 신고하고 기록案記"하 도록 돼 있다. 『영의해』에 따르면, 이 기록엔 망실한 장소, 망실 사유, 장狀, 표시色目 등의 내용이 담기는데, 분실물이 발견됐을 때 바로 소유주에게 반환하기 쉽도록 그 내용이 구성돼 있다.

포망捕亡령 15조인 득난유물得闌遺物 조에 의하면, 취득된 유실물 은 근처의 관사(경직이나 국사)와 시장의 경우에는 시사로 보내지고, 위부의 경내 순행 시 발견된 경우에는 각 위부의 본부로 보내진 뒤, 각각 관사의 문밖에 전시돼야만 했다. 이후 주인이 이를 발견했을 때 기록을 뒤져 보증을 취하고 반환하는 것으로 돼 있다. 만약 30일이 지나도 주인이 나타나지 않을 때는 물품을 수납하고, 대신 특징物色을 기록해 문밖에 표시했다. 헤이조쿄에서는 그 장소가 외곽 궁성문 앞이었으리 라 짐작된다. 궁성 내에서는 이 문 앞이 바로 중심지였기 때문이다.

헤이조쿄의 좌경 1조 3방의 동3방 대로에 상당하는 길의 도랑에서 발견된 고지찰의 출토 지점은 야마시로 국과 야마토 국을 연결하고,

---

6 교통의 요지나 시장과 영지의 네 경계 지점 등에 중요 사항을 적어 게시하는 것을 이른다.

헤이조 산을 넘는 도로가 나라분지로 들어가는 지점으로, 헤이안 천도 이후에도 왕래가 활발한 요로였다. 이들 고지찰은 표면이 풍화될 때까지 세워둔 뒤, 교통의 요지 근처 도랑에서 폐기한 것으로 보인다.

(4) 방시찰

가모 유적(이시카와石川 현 가호쿠河北 군 쓰바타津幡 정)은 관도인 호쿠리쿠도北陸道가 가가加賀 국에서 엣추越中 국과 노토能登 국으로 갈라지는 분기점에 위치하고 있다. 교통의 요충지에 위치하고 있기 때문에 군부郡符의 형태를 띠는 방시찰牓示札 목간이 다수 출토되고 있다.

가가 국 가가 군 방시찰

符　深見村　　鄉驛長并刀禰等

応奉行壹拾條之事

　　一　田夫朝以寅時下田夕以戌時還私狀

　　一　禁制田夫任意喫魚酒狀

　　一　禁断不労作溝堰百姓狀

　　一　以五月卅日前可申田殖計竟狀

　　一　可搜捉村邑内鼠宕為諸人被疑人狀

　　一　可禁制无乗原養蚕百姓狀

　　一　可禁制里邑内故喫酔酒及戲逸百姓狀

　　一　填勤農業狀　□村里長人申百姓名

　　案内被國去□月廿八日符併勸催農業

（略）

有符到奉行

大領錦村主　　　主政八戸史

擬大領錦部連眞手麿　擬主帳甲臣

少領道公　夏　　副擬主帳宇治

□少領勘了

嘉承□年□月　日

□月十五日請田領丈部浪麿

　가쇼嘉祥 연간(848~851년)에 가가의 지방관인 군사로부터 촌, 향, 역장 그리고 도네刀禰[7]들 앞으로 하달된 명령으로서, 군부를 내용으로 하는 직사각형 모양의 방시찰이다. 농민들에게 작물 경작에 대해 세세하게 지시하는 내용으로, 요로에 방시함으로써 철저히 알리고자 한 의도가 읽힌다. 논에 나가 일하는 시간과 모를 심는 월·일까지 강제하고 있으며, 농업용수가 지나는 도랑과 제방을 만들고, 술과 유흥도 금하는 등 근면하게 농업에 힘쓸 것을 요구하고 있다. 군사의 명령을 종이 문서에 쓴 부符를 판자에 옮긴 형태로 돼 있다.

　이 방시찰은 장기간 비바람에 방치돼 있었기 때문에, 문자의 검은 먹은 거의 남아 있지 않은데, 다만 풍화하지 않은 그 흔적만으로 몇 가지 내용이 판독될 수가 있었다. 이 방시찰도 최종적으로 방시 지점 근처의 도랑에서 폐기된 듯하다.

---

7 일본 고대와 중세에 걸쳐 공사公事에 관여한 사람들의 총칭.

제9장 군부 목간과 봉함 목간

1. 지방 관아의 출토 목간

일본 고대 국가는 중앙집권적인 체제를 유지하기 위해 중앙과 지방을 연결하는 지방 관제가 필요했으며, 그에 맞춰 지방에는 행정 조직으로서 국·군·리(향)가 있었다. 중앙에서 지방으로 파견되는 국사國司(구니노미코토모치)는 지방 통치의 거점인 국부國衙를 경영했다. 국사 휘하로 전통적인 지방 호족이 임명되는 군사郡司들은 각각의 군에서 군가郡衙를 거점으로 삼아 통치했다.

관청으로서 국부와 군가 등 지방 관아가 제 기능을 다하지 않고서는 조와 용 등 중앙으로의 공진이나 지방 법령의 시행 자체가 어려워졌다. 급기야 중앙 정부를 유지하는 일 자체도 불가능했다. 국부와 군가에서는 율령제의 문서주의가 행해지고 있었기 때문에, 문서를 발행하는 문서 행정의 장에서는 한자가 주로 사용됐다. 이에 따라 지방 관아 유적에서는 목간을 비롯해 칠지漆紙 문서와 묵서 토기, 문자 기와 등의 문자 자료가 자주 출토되고 있다.

이들 출토 문자 자료들은 율령과 문헌 사료로부터 파악되는 제도적인 정보와는 차원이 다른, 고대 국가의 지방 행정과 지역 사회의 실정이 담긴 정보들을 확인시켜주는 경우가 많다. 여기서는 군가를 중심으로 삼아 그곳 출토 목간으로부터 지방의 다양한 모습을 살펴보도록 하자.

군가는 지방 호족인 군사가 행정적으로 통치하는 거점이다. 이전 구니쓰코였던 전통적인 지방 호족이 군사로 임명되고, 그 지배력이 국가 권력에 집약됨으로써 중앙집권적인 국가체제가 성립됐다.

국부와 마찬가지로 지방 관아인 군가는 정청으로서의 군청을 중심으로 그 주변에 조사曹司(실무 관아), 군사관郡司館, 군주郡廚, 쇼소인과 역가驛家 등이 모여 있는 형태이다. 1,030년 국사가 교체될 때의 공문서인「상야국교체실록장上野國交替實錄帳」에 따르면, 국유 재산인 군가에 속하는 관사 시설들로 창고군인 쇼소인, 군청과 그것에 부수하는 관사들, 군사관 그리고 군가주 등이 나와 있다. 또 군가 주변에는 군사 씨족의 씨사氏寺로서의 성격을 갖는 고대 사원 유적이 함께 있었고, 이는 '군사郡寺' 등으로 불렸다. 이제 몇 개의 군가 유적의 사례를 살펴보자.

히타치常陸 국 니바리新治 군가(이바라기茨城 현 지쿠세이筑西 시) 유적은 1944년부터 진행된 다카이 데이사부로高井梯三郎의 발굴 조사로 그 구조가 명확하게 밝혀졌다.

건물의 초석을 확인해보니 동·남·북쪽 세 방위에 국가 차원의 창고가 무리를 이뤄 연립해 있고, 서쪽에는 건물들이 나열해 있는 구성임이 확인됐다. 특히 불에 탄 쌀이 출토된 동쪽 13동의 창고군은

『일본기략』에 보이는 헤이안 전기의 부동창 13동의 소실 기사와 합치하는 것이 주목된다. 서쪽의 건물군은 다카이의 조사 보고에서는 군청이라고 추정했지만, 현재는 쇼소인의 관리 시설 또는 창고로 인식되고 있다.

이 조사 보고에 의해 군사 씨족의 니바리 폐사 유적과 그곳에 깔린 기와를 생산한 우에노하라上野原의 기와 가마터도 확실해졌다. 니바리 폐사에서는 군내 각 향의 이름을 뾰족한 도구로 쓴 문자 기와가 다수 출토되고 있다. 이로써 군사의 조영과 불교 신앙을 통해 군사가 군내를 지배한 사실을 알 수 있다. 또한 여기서 5킬로미터 정도 떨어진 동북 산간에 위치하는 호리노 우치堀之内 가마터에서 '대령大領'이라고 쓰인 스에키須惠器로 만든 식기가 출토되고 있는 것으로 볼 때, 군사는 가마를 통해 토기 생산도 장악했음을 알 수가 있다. 이렇게 이들 출토 문자 자료와 유적을 통해 군사가 지역 사회를 장악하고 있는 면면을 구체적으로 살펴볼 수가 있다.

나가라長良 강에 면한 미노美濃 국의 무기武儀 군가인 미륵사동彌勒寺東 유적(기후岐阜 현 세키關 시)은 7세기 후기에 창건된 하쿠호白鳳 시대의 사원이다. 이 유적은 군청, 쇼소인, 부엌 등으로 구성돼 있다. 이에 비해 미륵사 서쪽 유적에서는 재래 신앙을 따르는 제사에 소용됐을 법한 유물들과 목간, 묵서 토기들이 출토됐다. 이밖에도 가까이에 지방 관아가 만들어지기 직전의 고분이 위치해 있고, 거기서 조금 떨어진 곳에 미륵사의 기와를 구워낸 마루야마丸山 옛 가마터도 발굴돼, 지방 호족에 의한 군내 통치의 면면이 고스란히 드러났다. 이 군가 유적의 발굴 조사 결과, 국부보다 앞선 7세기 후기부터 이 군가가 기능하고 있었으며, 10세기경부터는 기능하지 않았다는 사실도 밝혀졌다.

　군청은 정전 남쪽에 광장을 끼고 동서 옆자리에 남문이 있는 건물이 위치한 구획 시설로 사방이 둘러진 구성이다. 국부의 국청 구조와 흡사하면서도, 건물 배치의 통일성 면에서는 비교적 다양성이 인정됐다. 쇼소인은 군가에 속하는 국가 차원의 창고(정창)로서, 그 주위는 도랑 등이 둘러싸고 있다. 쇼소인의 창고 건물은 안쪽에도 사주의 기둥과 같은 규모의 기둥을 갖는, 바닥이 높은 대규모 창고로서, 일반 집락에 보이는 창고 건물보다 훨씬 크다. 정창은 수취된 조세인 벼를 보관하며, 관청의 부를 상징하는 시설이기도 했다. 군사관은 군사의 생활 거점이며, 주방은 군가에서 일하는 사람들에게 급식을 나누어주기 위한 시설이었다.

　상술한 것 외에도, 히타치常陸 국 가시마鹿島 군가적(가노 무카이神野向 유적, 이바라기茨城 현 가시마鹿嶋 시), 고즈케上野 국 닛타新田 군가적(군마群馬 현 오타大田 시), 무사시武蔵 국 쓰즈키都筑 군가적(조자하라長者原 유적, 요코하마横浜 시), 무사시武蔵 국 도시마豊島 군가적(고텐마에御殿前 유적, 도쿄東京 도 북구), 무사시武蔵 국 하라幡羅 군가적(니시벳푸西別府 폐사, 니시벳푸 제사 유적, 사이타마埼玉 현 후카야深谷 시·구마가야熊谷 시), 무쓰陸奥 국 시라카와白河 군가(세키와쿠關和久 관아 유적, 후쿠시마福島 현 니시시라카와西白河 군 이즈미자키泉崎 촌), 무쓰陸奥 국 가미加美 군가(히가시야마東山 유적, 미야기宮城 현 가미 군 미야자키宮崎 정), 세쓰摂津 국 시마가미嶋上 군가적(오사카大阪 부 다카쓰키高槻 시), 이요伊予 국 구메久米 군가적(구메 관아 유적, 에히메愛媛 현 마쓰야마松山 시), 지쿠고筑後 국 미하라御原 군가(오고리小郡 관아 유적, 후쿠오카福岡 현 오고리 시) 등에서는 군청, 쇼소인, 군사관, 구리야廚 등의 제 시설이 집합해 군가를 구성하고 있다.

또한 스루가駿河 국 시다志太 군가적(미코가야御子ヶ谷 유적, 시즈오카静岡 현 후지에다藤技 시)에서는 쇼소인 등을 제외한 군가의 제 시설이 발굴 조사 성과에 근거해 복원·정비되고 있다. 그리고 히타치常陸 국 쓰쿠바筑波 군가적(히라사와平澤 관아 유적, 이바라기茨城 현 쓰쿠바筑波 시)과 무사시武蔵 국 한자와棒澤 군가적(나카주쿠中宿 유적, 사이타마埼玉 현 후카야 시)에서는 쇼소인의 국가 창고군이 복원·정비돼 당시의 모습을 쉽게 상상해볼 수가 있다.

2. 군부 목간

고대 지역 사회에서 한자 문화의 수용과 전개에서 중요한 것이 최근 발견 사례가 늘고 있는 군부郡符 목간과 봉함封緘 목간이다. 여기서는 하치만바야시八幡森森 관아 유적에서 출토된 목간 중 군부 목간과 봉함 목간을 살펴보기로 한다.

하치만바야시 관아 유적(니가타新潟 현 나가오카長岡 시)은 에치고越後 국 고시古志 군내에 위치하는 8세기 초엽에서 9세기 초엽 무렵의 지방 관아 유적이다. 유적의 성격에 대해서는 군가 설·군사관 설·국부 출장기관 설·관關 설·역가 설·성책 설 등이 있지만, 이렇게 다양한 기능을 담당하는 여러 시설이 한꺼번에 무리 지어 있는 게 일반적인 지방 관아의 성격이라고 할 수 있을 것이다. 여기서는 8세기 초엽의 군부 목간과 8세기 중반을 포함하는 다수의 봉함 목간이 출토되고 있다.

하치만바야시 관아 유적 출토 목간 1호

(앞) 郡司符 青海鄉事少丁高志郡大虫 右人其正身率 ////

　　　　　　　　符到奉行 火急使高志郡五百嶋

(뒤) 虫大郡向參朔告司□率申賜　　　　　九月廿八日主帳丈部 ////

[身力]

584×34×5　011형식

　'군사부郡司符'로 시작하는 이 군부 목간은 함께 출토된 목간의 기재 사항을 볼 때, 요로養老 연간 (717~724)의 것으로 추정된다. 에치고 국의 가바하라蒲原 군사가 군내의 소정少丁에게 국부 고삭사告朔司[8]로 출정出廷하여 상신上申을 명령하는 소환장이자 과소(통행증)의 기능을 가지는 목간이다. 최종적으로 이웃한 고시 군의 하치만바야시 관아 유적에서 폐기됐다.

　이 목간은 우선 에치고 국 가바하라 군사가 군내 오우미青海 향의 젊은이인 고시노키미 오무시高志君 大虫 앞으로 화급히 사자를 보내 호출하는 명령서다. 10월 11일 남쪽의 구비키頸城 군에 있는 에치고 국부의 고삭사에서 행해지는 '고삭告朔'(한 달 분의 행정 보고를 하는 정무 의례) 의식에 출정해 보고하라는 내용을 담고 있다.

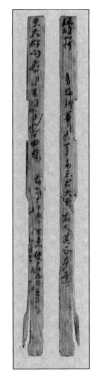

하치만바야시 관아 유적 출토 목간 1호
(나가오카 시 소장)

---

8 매월 1일(삭일朔日) 문무 관인들이 각 관사의 전前 달 공문서를 천황에게 올리고, 천황이 이를 열람하는 조정 의례 가운데 하나다.

길이 58.4센티미터의 약간 긴 목간을 받은 고시노카미 오무시는 이를 소지하고 관소와 역가를 거쳐 국부에 가서 임무를 마친다. 길을 가는 도중에 이 목간은 관소를 통과할 때 필요한 통과증의 기능과 역가에서 물품 공급을 보증하는 과소(통행증)로서의 기능을 갖고 있었다. 돌아오는 길에도 이 목간을 휴대한 오무시는 가바하라 군 근방인 고시 군의 지방 관아로부터 교통로에 위치한 하치만바야시 관아 유적으로 돌아왔고, 여기서 이 목간은 수명을 다해 결국 폐기된 것이다. 폐기 시에는 작은 칼을 사용해 세 조각을 내고 다시 이용되지 않도록 주의를 기울였다.

이 목간은 공식령 13조인 부식符式 조의 공문서 양식에 따라 발행됐다. 이로써 보건대, 8세기 초 군내 소정에게 명령을 내리는 에치고 국 가바하라 군사뿐만 아니라, 그것을 받은 소정 오무시도 문서의 내용을 충분히 이해하고 있었다는 사실을 알 수 있다.

이처럼 공식령에 보이는 하달 문서의 '부符'를 따서 '군(사)부郡符'라고 쓰는 군부 목간은 이미 각지의 지방 관아와 군가 유적에서 다수 출토되고 있다. 군내에서 사용되는 경우에는 군명이 생략되기도 했으며, 종종 2척(약 60센티미터) 크기로 단책형의 재료에 웅혼한 서풍으로 쓰여 있기도 했다. 덧붙여 이장(향장) 등에 대한 소환장의 사례도 다수 발견된다.

이러한 군부 목간의 출토 사례는 8세기 초부터 9세기 중반에 걸쳐, 아쓰타메荒田目 조리條里 유적(후쿠시마 현 이와키시), 야시로屋代 유적군(나가노長野 현 지쿠마千曲 시), 이바伊場 유적(시즈오카静岡 현 하마마쓰浜松 시), 스기사키杉岐 폐사(기후岐阜 현 히다飛驒 시), 니시가와라西河原 유적(시가 현 야스野洲 시), 나가오카교長岡京 적(교토京都 부 무코向日 시), 야마가키出垣 유적(효고兵庫 현 단바丹波 시) 등의 여러 사례가 있다.

이 목간들은 8세기 초엽부터 전국에 걸쳐 군사가 군내에 명령을 전달할 때 문서 목간을 널리 사용하고 있었다는 사실을 말해준다. 원래 군사에는 구니쓰코 등의 전통적인 지방 호족이 임명됐기 때문에, 그들의 전통적인 지배권을 따라 군내에의 명령은 사자使者에 의한 구두 전달로도 충분했을 터이지만, 율령제의 문서주의에 입각해 군부 목간이 사용된 점에서 지방 행정의 새로운 모습을 엿볼 수가 있다. 군사 급의 지방 호족에 의한 지역 지배가 율령제의 확립과 더불어 구두를 통한 인격적 지배에서 문서에 의한 행정적 지배로 변화하고 있던 당시 상황이 잘 드러나고 있는 것이다.

3. 봉함 목간

봉함封緘 목간은 장방형 재료의 하단을 배드민턴채 같은 모양으로 정형하고, 상부 좌우에 한두 군데 홈을 판 형태로서, 문서를 받는 곳과 '봉' 자를 겉에 기재한 목간이다. 약간 두껍게 정형한 재료를 두 장으로 갈라 틈새를 만들고, 그 사이에 종이 문서를 끼워 봉해 높이 치켜드는 방식이다.

하치만바야시 관아 유적에서는 다음과 같은 봉함 목간이 20점이나 출토됐다.

하치만바야시 관아 유적 출토 목간 32호

上大領殿門

385×36×6   043형식

하치만바야시 관아 유적 출토 목간 34호

上郡殿門

282×21×3   043형식

하치만바야시 관아 유적 외에도 헤이조쿄(나라 현 나라 시)의 나가야오케 목간, 이조대로 목간을 포함해 다자이후 유적(후쿠오카 현 다자이후 시), 야마가키山垣 유적(효고 현 단바 시), 고리야마郡山 유적(미야기宮城 현 센다이仙臺 시) 등 각지의 지방 관아 유적에서 봉함 목간이 출토되고 있으며, 광범위하게 사용된 사실이 밝혀졌다. 특히 하치만바야시 관아 유적의 출토 목간처럼 군사인 대령 앞으로 봉함 목간이 다수 존재한다는 것은 군사보다 하위 계급의 사람들이 군사에게 종이 문서를 송부했다는 것을 의미하고 있어 주목된다.

"상대령전문上大領殿門" 그리고 "상군전문上郡殿門"이라고 쓴 것에서 '상上'은

하치만바야시 관아 유적 출토 목간 32호(나가오카 시 소장)

훈독으로 '모시다'는 뜻이므로, '대령의 전문에 모시다'라는 의미가 된다. '전문殿門'은 경의를 담은 글자로 지금도 편지 받는 사람에게 'ㅇㅇ선생 시사侍史'라고 쓰는 것과 같은 종류라 보아도 좋다. 정리하자면, 하치만바야시 관아 유적이 에치고 국 고시 군의 유적이기 때문에 고시 군의 군사, 장관인 대령 앞으로 보낸다는 내용이다.

봉함 목간에서 눈여겨볼 것은 장방형 목재의 밑 부분을 배드민턴 채처럼 쪼개고, 상단의 장방형 부분에는 좌우에 홈이 있는 형태적 특징이다. 홈은 제일 상단에 하나만 있는 것, 위아래로 두세 개가 있는 것, 전혀 없는 것 등 다양하다. 그 표면에는 받는 곳이 쓰여 있다. 즉, 쪼개놓은 조각 사이에 종이 문서를 샌드위치처럼 끼우고, 홈이 있는 곳을 끈으로 묶어 고정시킨 뒤, 걸쳐진 끈 위에 '봉'이라는 글자를 쓴 것이다.

이렇게 봉함 목간은 종이 서장 등을 타인에게 보이지 않도록 봉함하는 기능이 중요했으며, 하단의 배드민턴채 같은 손잡이는 이를 붙잡고 치켜드는 역할을 담당했다. 서장에 직접 손을 대지 못하도록 높게 치켜든다는 의미일지도 모르겠다. 물론 휴대 편이를 위한 것일 수도 있다.

흥미로운 것은 하치만바야시 관아 유적의 출토된 것들이나 헤이조쿄의 이조대로에서 출토된 것들에서 확인되듯이, 봉함 목간은 나뉜 두 가지가 완전히 똑같은 것이 한 세트라는 점이다. 제작 시 두터운 재료로 봉함 목간을 만들고, 나중에 두 장으로 쪼개 작성했기 때문이다.

두 장으로 쪼갠 뒤 겉면을 매끈하게 다듬고 문자를 쓴데 반해, 나누어 쪼개진 면(안쪽)은 요철 면까지 거친 채로 남겨져 있었다. 두 겉면을 봉함 목간으로 사용한 뒤 안쪽을 다시 맞추면 내측 면은 요철이 딱 들어맞게 되는 형태다. 이로써 겉과 속이 원래 일체의 것이었음을 나타내도록 기능했다. 정리하자면, 받는 곳을 쓴 쪽이 다듬어진 겉면, 그 반대가 다듬어지지 않은 채 그대로 둔 안쪽 면이 된다. 이 가운데 하치만바야시 목간의 봉함 목간의 사례처럼 두 장으로 완전히 쪼개어 분리시키지 않고, 쪼개는 도중에 멈춰 단면이 Y자 형으로 된 것도 있다.

하치만바야시 관아 유적에서 '대령'이라고 쓴 묵서 토기가 대량으로 출토되는 것을 보아 군사인 대령이 이곳에 있었다고 보아도 좋다. 그러므로 여기서 출토되는 봉함 목간들은 대령 앞으로 보내진 종이 문서를 봉함하기 위해 사용된 것들이다.

대령 앞으로 보내는 문서이기에 보내는 사람은 군사에서 대령보다 하위 계급인 소령少領, 주정主政, 주장主帳 등 부하일 가능성이 높다. 아마도 향장 등의 군사 계급보다 더 하위의 사람들이 종이 문서를 대령 앞으로 여러 번 몇 통이고 제출했던 듯하다. 이처럼 봉함 목간은 종이 문서와 함께 사용되기 때문에, 그 자체만으로도 종이 문서의 존재를 입증하게 된다. 고대에 종이는 매우 귀하기도 했거니와, 목간이 유통됐던 까닭은 이 종이가 질기지 않았기 때문이기도 했다.

종이 문서의 경우 정식 문서에는 공식 인장을 반드시 찍어야만 했으며, 이 날인이 없는 것은 정식 문서로 인정받지 못했다. 때문에 종이 문서에 글을 쓰는 것 자체만으로 거추장스러운 일이 되곤 했다. 장관 밑에서는 공식 날인의 의식을 거행할 필요도 있었으며, 그 의식이 있은 후 문서를 발급하자면 도저히 시간을 맞출 수 없는 경우가 생기기도 했기 때문에, 일상적인 장부를 한 회씩 기재할 때는 차라리 목간을 사용하는 쪽이 편리하기도 했다.

또한 공진물 하찰 목간의 서사용 재료로 물기에 약하고 비볐을 때 부스러져버리는 종이는 바람직하지 않았다. 더구나 목간은 표면을 깎아 다시 이용할 수 있다는 장점이 있었다. 이런 점에서 나무 사정이 좋은 경우는 목간을 사용하고, 종이 사정이 좋은 경우는 종이를 사용한 것이라고 하는 편이 옳을 것이다.

물론 종이가 가장 중요했다는 점은 확실하다. 그렇지만 헤이조큐와 나가야오케에서 출토된 장부 관계의 목간들을 살펴보고 있노라면, 일상적인 사례에는 주로 목간을 사용했다. 특히 나가야오케 목간의 경우엔 구멍을 뚫어 실로 묶어두곤 했다. 마치 오늘날의 단어장처럼 목간에 구멍을 뚫어 실로 매어 사용하다가 1개월분씩 정리해 종이 문서에 옮겨 적음으로써 1개월 치의 행정 문서를 정리했으리라 추정된다. 이처럼 종이와 목간은 용도에 맞게 나누어 사용됐다. 나무껍질을 가공해 종이를 만드는 복잡한 공정보다 목간에 적합한 삼나무 등의 목재와 그저 작은 칼만 있으면 누구라도 만들 수 있는 목간이 간단한 서사 재료로써 사용되기 용이했음을 놓쳐서는 안 될 것이다.

앞서 언급됐듯이, 하치만바야시 관아 유적의 봉함 목간의 존재는 에치고 국 고시 군의 군사보다 하위 계층의 사람들이 군사 앞으로 종이 문서를 종종 보냈다는 것을 말해준다. 이는 또 에치고 국 고시 군 같은 지역 사회에서 군사와 연결되는 사람들이 한자 문화를 상당 부분 수용하고 있었다는 것을 말해주는 자료이기도 하다. 더욱이 "상대령전문上大領殿門"라는 통일적인 서사법이 통용되고 있었으며, 나름의 서식인 서찰례를 지역의 군사뿐 아니라 그보다 하급의 사람들도 잘 이해하면서 사용하고 있었다. 물론 군에서도 동일한 봉함 목간이 이 조대로 목간과 나가야오케 목간 등에서 출토되고 있지만, 이와 똑같은 상황이 에치고라는 지역 사회에서 8세기 초에 행해진 것은 매우 흥미로운 일이라고 할 수 있을 것이다.

제4부

목간이 증명하는
사실事實, 사실史實들

.

제10장 목간으로 보는 대불 건립

1. 대불 건립

덴표天平 15년(743) 10월, 쇼무聖武 천황은 오미近江의 시가라키노미야 紫香樂宮(사가 현 고가甲賀 시 미야마치宮町 유적)에서 대불大仏의 건립을 위한 조(『속일본기』 동월 신사조)를 발표했다.

"…덴표 15년 계미 10월 15일에 보살의 대원大願을 일으켜 금동으로 만든 비로자나불을 만들어 바친다. 나라의 동을 모두 녹여 모아 거푸집을 만들고, 큰 산을 깎아 당을 마련하고, 널리 법계에 미쳐 짐이 지식智識(부처의 제자)이 된다… 무릇 천하의 부를 가지는 것도 짐이며, 천하의 세력을 갖는 것도 짐이다. 이 보물과 권세를 가지고 이 존귀한 불상을 만든다. 일은 이뤄지기 쉬우나 마음은 그렇지 않다. 단지 두려운 것은 사람을 부리는 것만으로는 성聖을 감동시키지 못하고, 비방을 낳아 도리어 죄를 낳게 되는 것이니라. 고로 지식이 된 자는 성심을 발해 복을 받고, 매일 세 번 비로자나불을 경배해야 할 것이다. 스스로의 마음가짐으로 비로자나불을 만들지니라. 한 사람 한 사람 한 포기의 풀과 한 움큼의 흙을 들고 불상 만드는 것을 돕기를 바라노라…
국과 군의 책임자들은 이 일로 백성들을 괴롭히거나 강제로 수탈하는
일이 없게 하기를…"

이를 통해 대불에 거는 쇼무 천황의 굳은 결의와 함께, "일은 이뤄
지기 쉬우나 마음은 그렇지 않다" 또는 "사람을 부리는 것만 하는 것
은 아닌가" 하는 현실적 이해, 그리고 "한 포기의 풀과 한 움큼의 흙"
이라는 일반 민중의 도움이라도 빌리고 싶은 그의 기대 심리를 읽을
수 있다.

마치 이러한 기대에 응하는 것처럼 교키(行基, 668~794)와 그의 집단
이 대불 건립에 협력해온다. 교키는 사회사업을 벌이면서 헤이조쿄와
그 주변 민중들에 대한 포교에도 힘써, 도시 민중들로부터 절대적인
지지를 받은 인물이다. 『속일본기』 덴표쇼호 원년(749) 2월 정유조의
그의 전기에는 "도읍과 변두리를 주유하며 중생을 교화한다. 그를 따
르고 믿는 자가 거의 천 명을 헤아린다. 가는 곳마다 교키가 온다고 하
면, 마을에 사람들이 보이지 않고 다투어 가서 예배한다. 각자의 기량
에 따라 인도하니 모두 선을 행하게 된다. 스스로 제자들을 이끌고 필
요한 곳에 다리를 만들고 제방을 쌓는다. 주위의 많은 이들이 스스로
달려와 공을 보태니 그 공사가 금방 이뤄졌다"고 적고 있다. 이른바
교키 집단은 다리를 만들고 제방을 쌓는 대규모의 토목 사업을 완수
할 능력을 갖고 있던 것이다. 하지만 율령 정부는 717년(레이키 3) 4월
'소승小僧 교키'라고 가리키면서, 사원에서 불교에 연찬하는 것을 통
해 국가의 안위를 구하는 '승니령'을 따르지 않는 교키와 그의 제자들
을 탄압했다.

166

교키_ 백제 도래인의 후손으로 나라 시대의 승려이다. 승려를 국가 기관과 조정에서 직접 관장하며 불교를 일반 민중에게 포교하는 것이 금지되었던 시대에, 금기를 깨고 기나이를 중심으로 차별 없이 불법을 전하여 독실한 숭경을 받았다.

그런데 731년(덴표 3)에는 교키를 따르는 재가의 신도인 우바소쿠優
婆塞와 우바이優婆夷의 일부에게 득도를 허락한다고 하고, 745년(덴표
17) 정월에는 교키를 대승정에 발탁하고 있다. 여기에는 교키가 대불
건립에 협력하기를 기대했던 율령 정부의 심리적 의도가 배경에 깔려
있다. 끝내 교키와 그의 제자들, 그리고 민중이라는 불제자의 힘을 동
원해 대불 건립 사업은 진수되기에 이른다.

시가라키노미야의 땅에서 시작된 금동 비로자나불 건립 사업은
745년(덴표 17)에 도읍이 헤이조쿄로 돌아오자 헤이조쿄 동쪽에 있었
던 도다이지東大寺의 전신인 금종사金鐘寺(야마토 국 금광명사)의 땅으로
옮겨져 계속됐다. 금종사는 대불 건립과 도다이지의 조영에서 중심적
인 활약을 하고, 후일에 도다이지 별당이 된 승려 료벤(良弁. 689~773)
이 있던 사원이다. 대불 건립 사업은 도다이지의 조영을 위한 국가 기
관인 조동대사사造東大寺司에 의해 이뤄지게 된다.

대불 건립에 기술 관료로서 중심적인 역할을 한 사람이 구니노 기
미마로國君麻呂(훗날의 구니나카노 무라지키미마로國中連公麻呂, ?~774)이다.
『속일본기』 호키 5년(774) 10월 기사조의 그의 사망 기사에는 "덴표
연중에 쇼무 황제가 큰 사업으로 비로자나불을 만들려고 했다. 그 길
이가 5장丈이다. 당시의 기술자에게는 그런 기술이 없었다. 그런데 기
미마로는 기술이 탁월해 마침내 그 공을 이뤄냈다. 그 공을 치하해 4
위를 내렸다"고 적고 있다.

구니노 기미마로는 도다이지의 법화당(삼월당)에 현존하는 불공견
색관음상不空羂索觀音像의 조불에도 관여했다. 749년(덴표쇼호 원년) 쇼
무 천황이 도다이지 대불행 때에 그에게 관직을 내린 것은 대불 건립

168

도다이지 대불전의 대불상 _ 세계 최대의 목조 건축물인 도다이지 대불전 안에 있는 비로자나불(일명 '나라 대불大仏')

의 공에 대한 것으로 보인다. 761년(덴표호지 5)에는 조동대사의 차관이 된다. 구니노 기미마로의 조부는 '백촌강 전투'가 일어난 663년(덴치 2)에 백제에서 망명해온 덕솔(백제의 4등 관위)인 고쿠코쓰후國骨富로, 이로써 백제계 도래인의 기술이 대불 건립에 활용됐음을 알 수 있다.

쇼무 천황이 대불 건립을 결심한 배경에는 740년(덴표 12) 가와치河內 국의 지식사知識寺를 방문해 비로자나불을 경배할 때 받은 감동이 영향을 미치고 있었다. 가와치 국은 백제계 도래인 씨족들이 많이 거주해 선진 문명이 전해지고, 경제적으로 풍요로웠으며, 불교 신앙도 잘 보급된 곳이었다. 이곳의 절 이름인 '지식'은 단결하는 불교 신도, 혹은 부처에 대한 기진물을 의미했는데, 쇼무 천황은 한 신앙 아래 자립적인 민중들이 힘을 합쳐 비로자나불을 만들고, 그에 대한 신앙을 공유하면서 윤택한 사회가 실현된 모습을 이상향이라 생각했던 듯하다. 환언하자면, 엄청난 국력 낭비라고도 여겨질 만한 대불 건립 사업이었지만, 불교 신앙을 유대로 귀족과 민중의 마음을 수습하고, 평화로운 국가를 실현하려는 것이 쇼무 천황의 의지였다고 할 수 있을 것이다.

『속일본기』를 살펴보면, 대불 완성이 임박한 749년(덴표쇼호 원년)에 무쓰陸奧 국의 국사인 백제왕 경복敬福이 관내의 오다리小治 군에서 나온 금을 헌상하고 있다. 도금용의 황금이 부족해 곤란을 겪고 있던 쇼무 천황에게는 신불이 대불 건립을 도와주는 것 같이 고마운 일이었다. 이를 직접 옮겨본다. "천황이 도다이지에 행차해 비로자나불 앞에서 북쪽으로 몸을 향해 불상을 대한다. 황후와 태자도 같이 모시고 있다. 군신 백료와 이하의 서민들을 나누어 전각 앞에 서게 했다. 좌대신 다치바나노 스쿠에모로에橘宿禰諸兄에게 칙을 읽게 하는데, '삼보仙法像의 노예(불제자)인 천황이 스스로 비로자나불의 앞에서 아뢰나니, 이 야마토大倭國에서 천지개벽 이래 황금은 다른 나라에서는 생산돼도 본국에서는 나오지 않은 것인데, 본국의 동쪽 무쓰 국의 수령이며 종5위인 백제왕 경복이 부내의 오다리 군에서 황금이 나왔다고 보고하니…'"

일본 국내에서는 산출되지 않는다고 여겨지던 금이 동북 무쓰 땅에서 출현한 일에 쇼무 천황은 너무나 기뻐하고 있다. 쇼무 천황이 대불 앞에서 스스로를 '삼보의 노예'라고까지 말한 것도 고대 국가의 불교를 이해하는 데 흥미로운 지점이기도 하다.

이때 덴표 산금山金 유적이 미야기宮城 현 도오다遠田 군 와쿠야涌谷 정에 있는 황금이 나왔다는 유적이다. 지금도 사금이 채취 가능한 물가와 고가네야마小金山 신사가 위치하는 이 유적에서는 발굴 조사를 통해 나라 시대의 육각형 건물 유적이 출토됐으며, 그와 함께 뾰족한 도구로 '天平'이라 쓰인 글자가 보이는 구슬과 기와가 출토되기도 했다.

752년(덴표쇼호 4)에 거행된 도다이지 대불 개안 공양회에는 쇼무 태상천황, 고묘 황태후, 고겐孝謙 천황을 비롯해 관인들과 만 명 남짓의 승려들이 참가했다. 이는 인도와 중국 등에서 온 외국 승려들까지 맞이한 동아시아 고대 불교의 최대 이벤트였다.

이제 불법 동류를 상징하는 거대한 대불 건립 사업이 열도의 각 지역과 어떠한 관계를 맺으며 완성된 것인지 알아볼 차례다. 이와 관련 있는 도다이지 대불전 서쪽 회랑 유적과 나가노보리長登의 동銅이 생산되는 광산 유적의 출토 목간들을 통해 살펴보고자 한다.

2. 도다이지 대불전 서쪽 회랑 유적과 출토 목간

쇼무 천황의 대불 건립 조에는 "나라의 동을 녹이고, 큰 산을 깎아 당을 만들며"라는 문장이 있다. 보건대 이른바 "국내의 동을 모두 대불 건립을 위해 바친다"는 말은 결코 과장이 아니었다고 생각된다.

『동대사요록』 권1에는 덴표 19년 9월부터 덴표쇼호 원년 10월까지 여덟 번에 걸쳐 대불 주조 사업을 위해 "동책 11,911근냥, 숙동책 391,038냥, 백납 10,722근 1냥"이 사용됐다. 덴표쇼호 원년 12월부터 동 3년 6월의 라발 주형을 위해서는 "생동 9,324근 12냥"이 사용됐으며, 대좌의 주조를 위해서는 "동 224,929근 9냥, 백동 184근 13냥"이 사용됐다는 기록이 있다.

또 같은 문헌에 도다이지의 조영을 위해 목재과 금속이 제공됐다는 기록과 함께, 목공과 금공 노동에 동원된 인력의 수효를 각각 "재목 지식(기진물 제공) 51,590인 및 역부 1,605,071인, 금속 지식(기진물 제공) 372,075인 및 역부 514,902인"이라고 기록하고 있다. 다시 말해 엄청난 숫자의 사람들이 재료와 노역 제공을 통해 도다이지의 조영에 자발적으로 관여한 것을 알 수 있다.

대불 건립에 사용된 동의 상당량을 나가토長門 국의 나가노보리(長登. 야마구치山口 현 미네美禰 시) 광산에서 운반해온 사실은 확실하게 입증됐다.「쇼소인 문서」가운데 나라의 조동대사사(도다이지 조영을 담당한 관청)가 나가토 국의 국사에게 보냈던 공문서가 그 증거다(『대일본고문서』 25권 155~157쪽). 그에 따르면, 나가토 국사는 26,474근(현재 단위로 약 18톤)이나 되는 대량의 동을 바닷길을 통해 조동대사사 앞으로 보냈다.

도다이지 대불전 서쪽 회랑 지구 조사지(나라현립가시와라고고학연구소 제공)

보내진 동은 조동대사사에 의해 숙동·미숙동·생동 등 품질에 따라 나가토 국사의 송부장解文과 함께 체크되고, 부족분이 발생할 시 "앞으로는 상질의 숙동을 보내라"는 주문이 덧붙여졌다. 결국 이 동은 나가토 국사의 책임 하에 나가노보리 광산에서 국가적으로 채굴·제련된 것이었다.

나라 시에서 주관한 도다이지 대불전 회랑 서쪽 지구의 발굴 조사에서는 대불 주조에 직접 관계했던 시설들의 폐기 흔적과 함께 용해로 파편이나 녹슨 동 덩어리, 송풍 장치 구멍 등 다수의 주동 유물들이 출토됐다. 물론 대불 주조에 관계된 목간도 다수 출토됐다.

특히 비소를 포함한 동의 주성분을 분석한 결과, 오늘날 미네 시에 있는 나가노보리 광산이 동의 주산지인 것으로 판명됐다. 출토 목간들로부터는 대불 주조 현장으로 보내진 대량의 동의 공진과 집적 사

목간(나라현립
가시와라고고
학연구소 제공)

목간(나라현립
가시와라고고
학연구소 제공)

실, 그리고 고묘 황후가 대량의 동을 바친 사실도 확인
됐다.

　　自宮請上吹銅一万一千二百廿二斤

　　□宮宿□□□丘足宮□人///　　百 (218)×32×2　019형식

　이 목간은 도다이지의 대불 주조 과정에서 고묘 황
후의 황후궁으로부터 다량의 원료동을 수취한 내용
을 담고 있다. 고묘 황후가 제련된 상질의 동(숙동)을
11,222근(약 7.6톤)이나 보낸 사실은 대불 조영에 고묘
황후가 얼마나 깊게 관여돼 있으며, 그 실현에 얼마나
진력했는지를 여실히 보여준다.

　(앞) 右二竈册一斤 投一

　　　　度

　(뒤) □□一日　　　　　　139×38×5　032형식

　이 목간은 동을 녹이는 용해로인 가마(「우이右二」, 「우
사右四」, 「오五」, 「칠七」 등의 이름이 붙여져 있다)에 동 원료를
던져 넣었다는 내용을 담고 있다.

　更遺匚コ册五斤册斤匚コ斤册五斤卅二斤口斤廿匚

　320×30×5　019형식

174

이 목간은 대불 주조의 원료가 되는 동의 지출 기록이라 생각된다. 이를 통해 여러 번 동 원료가 용해로에 투입됐던 광경을 유추해볼 수 있다.

3. 나가노보리 광산과 고묘 황후 그리고 불교

나가노보리長登 광산에서 나가토長門 국사의 감독 하에 국가적으로 조영된 동 생산 유적은 발굴 조사를 통해 명백하게 확인됐다. 산과 계곡을 따라 이어진 채굴의 흔적, 선광 작업장, 가마터, 정련 작업장, 노爐의 흔적, 점토의 채굴 흔적 등, 동 광석의 채굴부터 선광, 배소, 정련에 이르는 공정이 한곳에서 통합적으로 행해졌다. 또한 덩어리 모양의 동괴 발송 작업도 지방 관청이 맡아 진행하는 업무였다.

이제 동의 생산을 관리했던 나가토 국 출장 관청의 문서 업무를 포함해, 약 800점의 덴표 초년경의 출토 목간(나가노보리 목간)들을 몇몇 살펴보자.

나가노보리 목간 가운데 동의 생산 관계를 잘 보여주는 것으로 '제동부찰製銅符札 목간'이 유명하

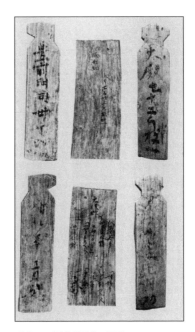

나가노보리 광산 유적 출토 목간
(미네시 나가노보리 광산문화교류관 소장)

다. 이 목간은 동제 덩어리의 부찰 형태로, 제련 기술자 이름(동공銅工 집단), 제동 가능 수치(근수와 매수), 제작 월, 제출 일자, 제동 도착 장소 등이 기재돼 있다. 그래서 이 목간은 생산한 동을 보낼 때 필요한 '배분처 목간'으로도 알려져 있다.

(앞) 大殿七十二斤枚一

(뒤) 日下部色夫七月功　　　　　　　　127×29×7　032형식

(앞)　　　大斤七百卄三斤枚卅一　　　　　　　　朝廷不申銅

　　掾殿銅　　少斤二千四百卄四斤枚八十四　　天平二年六月卄二日

(뒤)　　借子(略)

　　大津郡　　　　　　　　　685×140×9　011형식

(앞) 豊前門司卅斤枚一

　　　　　　　　　□

(뒤) 神部辛三月功

　　　上□　　　　　　　　　130×34×7　032형식

　　이 목간들을 통해 나가노보리 광산에서 제련된 동이 '대전大殿', '연掾'(장문국사의 3등관), '풍전문사豊前門司' 등 여러 곳으로 보내진 사실이 밝혀졌는데, 그중 주목되는 것이 다음의 목간이다.

○　　太政大殿□□首大□上□

　　　　五十三斤枚三　　　　　　163×29×8　032형식

176

'태정대전太政大殿'은 조정의 정1위 '태정대신'을 이르는 것으로, 당대에는 태정대신을 증위 받았던 고故 후지와라 후히토藤原不比等를 가리킨다. 이 목간에 의해 동은 헤이조쿄의 후히토의 집으로 보내진다.

정리하자면, 나가노보리 광산의 동은 도읍의 고묘光明 황후의 거처 (후히토의 저택)을 거쳐, 상술한 도다이지 대불전의 회랑 서쪽 지구에서 출토된 목간이 설명하듯이, 다시 황후궁에서 대불 조영의 현장으로 보내졌다. 이렇게 동의 2차 이동 경로는 목간을 통해 확정됐다.

잘 알려진 것처럼 후히토 가의 자산은 훗날 고묘 황후가 되는 그의 딸이 승계하며, 나중에 고묘 황후는 그의 저택에다 홋케지法華寺를 창건한다. 불교 신앙이 돈독했던 그녀는 쇼무 천황의 총명하고도 자비심 큰 황후로서, 이 여승 사찰을 몸소 세워 사회복지에 공헌했다.

이리하여 "국내의 동을 모두 대불 건립을 위해 바친다"라는 표현은 동을 조달하는 데 중앙(고묘 황후)뿐만 아니라 지방 호족(나가토 국사), 그리고 민중의 노동력(국가적 생산 공방으로서의 나가노보리 광산에 노역을 제공한)까지 총집결했음을 의미한다. 중앙집권적인 율령국가는 이렇게 국가적 공진 시스템을 작동시킴으로써 대불 건립 사업에 박차를 가할 수 있었다.

파격적인 규모로 진행된 대불 건립과 도다이지 조영은 이를 통해 국가와 사회의 안정을 꾀하고, 세제 등을 정비함으로써 중앙의 지방 지배를 강화하려는 쇼무 천황과 고묘 황후의 의도가 발현된 것이라 볼 수 있다. 대불 건립은 무쓰의 금과 나가토의 동을 위시해 지방과 민중의 광범위한 부담을 수반하는 국가적 기반 위에서 완성됐다. 한편으로는 국가 프로젝트를 통해 서울로 부를 집중시킴으로써 고대 국가

홋케지法華寺 본당 _ 쇼무 천황의 황후였던 고묘 황후는 741년 이 여승 사찰을 몸소 세운다. 최초의 사찰 명칭도 '법화 멸죄지사法華 滅罪之寺'로 불렀다고 한다. 고묘 황후는 이 이름에 걸맞게 가난한 사람들을 구휼하고 병든 사람들을 치료해주기 위해 '시약원', '비전원' 등을 설립하는 등 획기적인 병약자 구원에 앞장섰다. 그러기에 모두들 고묘 황후를 가리켜 '광명자光明子'라고 존칭했다.

의 기반을 정비했으며, 또한 교키 집단과 도래계 씨족에 대한 기술에서 보이듯 이 대사업을 토대로 제 씨족과 민중의 결집을 꾀한다는 의도 차원에서도 일정한 성과를 거두었다. 이는 정치·사회적으로 불안정한 시대를 통과해 701년 다이호 율령이 완성된 이후 반세기를 달성했다는, 덴표 시대의 역사적 사건으로 기록될 만하다.

대불 건립은 열도 각 지역의 역사는 물론, 동아시아 각국과의 외교 관계와 다양한 네트워크를 고려하면서 진행됐다. 각 지역의 역사는 다양한 형태로 대불 건립과 관계했으며, 바로 그 관계들이 일본 열도의 고대사를 구성해냈다고 해도 좋을 것이다.

하지만 한편으로는 대불 건립 사업이 나라 시대의 사회와 민중에게 꼭 안정과 평화만을 가져다준 것은 아니었다. 어쩌면 이런 종교인 이벤트들은 오히려 현실적인 배경 아래에 존재하는 사회 불안과 공존하는 것이었다고도 할 수 있다.

예컨대 헤이안 시대의 문인 귀족인 미요시노 기요유키三善清行는 914년(엔기延喜 14) 4월 「의견 12개조」에 이렇게 쓰고 있다. "드디어 덴표 시대에 안정이 돼, 전원田園을 경영하며 많은 사원들을 건설했는데, 당을 높게 짓고 불상을 크게 만들었다. 이 모든 것이 뛰어난 기술에 장엄함이 어우러져 마치 귀신이 만든 것처럼 사람이 만든 것으로는 볼 수 없었다. 또한 7도 제국마다 국분國分의 2사를 세웠다. 그 비용은 각 지방의 세금에서 감당했는데, 거기서 거의 반 이상을 소비해 버렸다." 어떤 측면에서 보면, 화려한 대불과 도다이지의 조영은 그 규모 자체만으로도 국가 재정에 부담 요소로 작용해 비판을 샀다.

하지만 전방위적으로 방대한 노력을 쏟아 부은 종교 문화유산이었기에 대불과 도다이지는 중세 이후에도 승려와 천황, 귀족은 물론 대다수의 민중을 포함해 많은 사람들의 노력에 의해 존속될 수 있었다. 비록 그 규모는 축소됐을지라도 유지를 위한 노력은 지금도 계속되고 있다.

제11장 목간과 에미노 오시카쓰의 난[1]

1. 한 점 목간으로부터

헤이조큐 목간 제1호로 보고된 것은 다음과 같다.

(앞) 寺請 小豆一斗 醬十五升〈大床所〉酢 末醬等

(뒤) 右四種物竹波命婦御所 三月六日   259×(19)×4 011형식

---

1 일본 나라 시대 준닌淳仁 천황 때인 764년에 조정의 실권자 후지와라노 나카마로藤原
仲麻呂가 상왕의 지위에 있던 고켄孝謙 천황에 맞서 일으킨 반란이다. 두 천황의 대립
으로 황권이 분열돼 전투가 벌어졌으며, 나카마로는 다카시마高島에서 최후의 결전을
벌였지만 가족과 함께 생포돼 참수된다.
　후지와라노 나카마로는 후지와라노 후히토의 장자인 무치마로의 차남으로, 천황의
신임을 얻어 정계 핵심인물로 성장한다. 고묘 황후의 대권을 보좌하는 장관이 되면서
그 권한은 최고점에 오른다. 화폐를 발행하고 세금을 거둬들이는 권한을 부여받아 황
족에 준하는 권세를 누렸지만 고묘 황후가 사망하자 점차 그의 권세는 약해진다. 후지
와라노 나카마로가 새로 부여받은 에미노 오시카쓰惠美押勝라는 성과 이름을 따서 '에
미노 오시카쓰의 난'이라고도 한다.

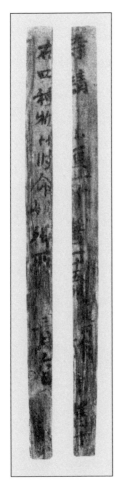

헤이조큐 목간 제1호
(사진 나라문화재연구소)

이 목간을 풀어봄으로써 나라 시대라는 역사 전개에서 출토 문자 자료 한 점이 어떠한 위치와 의미를 점유하고 있는지 생각해보도록 하자.

이 목간은 헤이조큐 유적(제1차)의 중앙구 다이고쿠텐大極殿 북방에 위치하는 관아 지구의 쓰레기 처리장 아래 수분을 머금은 회색 사질토에서 일괄적으로 출토된 유물 가운데 하나이다. 1961년 최초의 목간이라는 인식을 갖고 발견된 헤이조큐 목간 40점 중 하나다. 좌측이 손실됐고, 앞면 문자는 우측이, 뒷면은 좌측 부분만 남아 있지만, 먹의 흔적은 선명하다. 1250년 전의 문자이지만 출토해 흙을 제거하자 앞뒤 문장은 육안으로 분명하게 읽을 수 있었다.

문자를 기재한 문서 목간이고, 이러한 목간에서 자주 보이는 단책형(011형식)을 취하고 있다. 종이로 된 공문서였다면, 관청과 관청, 그리고 관청과 관리 간 문서에서는 보내는 사람과 받는 사람을 기재하고, 율령 공식령公式令의 서식(부符ㆍ해解ㆍ이移ㆍ첩牒)을 사용해 날인했겠지만, 일상적인 거래에서 사용된 목간인 경우에는 필요 사항만 기재하고 있는 것이 많다.

182

목간을 해독해보자. '사寺'는 언뜻 사원처럼 여겨지지만, 모로하시 데쓰지諸橋轍次가 편집한 『대한화사전大漢和辭典』[2]을 살펴보면, 그 의미는 ① 관청, ② 구경九卿의 정무를 집행하는 관청, ③ 큰 건물, ④ 절, ⑤ 심부름하는 사람 등이다. 관청이 그 첫 번째 의미라는 건 사원이라는 생각이 단지 선입견일 수도 있음을 뜻한다.

5세기 금석문으로 잘 알려진 사키타마埼玉 고분군(사이타마 현 교다行田 시)의 이나리야마稻荷山 고분에서 출토된 철검의 명문이 "…獲加多支鹵大王寺在斯鬼宮時…"(와카타케루 대왕의 사寺가 시키磯城 궁에 있던 때)인데, 이는 불교가 일본 열도에 공식적으로 전래되기 꽤 오래전부터 '사寺'가 '관청'의 의미로 사용되고 있었음을 증명한다. 따라서 이 목간에서도 이는 어딘가의 관청이라고 이해할 수 있다.

그다음 글자인 '청請'은 물건을 요청하는 '청구'의 의미와 반대로 물건을 받는 '수취'의 의미도 있어, 이 경우 '사寺'가 청구한 것인지 아니면 수취한 것인지, 양자의 가능성을 모두 염두에 두고서 풀이를 진행해야 한다.

그다음 글자들은 '소두小豆', '장醬', '초酢', '말장末醬', '등等'의 식료품과 조미료를 의미한다. 고대의 식료품에 대한 탁월한 연구로 세키네 신류關根眞隆의 『나라조 식생활 연구奈良朝食生活の硏究』(길천홍문관

---

2 일본의 저명한 한학자 모로하시 데쓰지(1883~1982)가 1943년부터 1960년에 걸쳐 열세 권으로 펴낸 한자 · 일본어 사전이다(대수관大修館서점 간). 2000년에 발행된 보충 1권과 어휘 색인 1권을 포함해 현재 15권의 위용이다. 약 48,902개의 표제자와 53만 개의 숙어를 수록했다. 중국 고전에서 인용한 출처를 밝히고, 1만 개가 넘는 한자 전서체를 수록했다.

吉川弘文館 간)라는 명저가 있는데, 이 책에 따르면 이들 각각이 어떤 품목이었는지, 그리고 고대 사료들에서는 이들이 어떻게 표기되고 있는지 잘 정리돼 있다.

'등等'이라는 글자도 그 이상의 여러 가지 물품을 의미하는 경우가 있지만, 뒷면에 '네 가지 종류의 물건四種物'이란 표기가 있기 때문에, 여기서는 네 가지 물품에 한정된다. 오른쪽에 작게 붙여 쓰인 '대상소大床所'의 의미는 불분명하다. 다만 관청의 작은 조직을 편의상 '소所'라고 부르고, '일두오승一斗五升'은 장의 양이 많다는 설명일 수 있다.

그럼 '죽파명부竹波命婦'는 무엇을 의미할까? 일본 고대사를 공부한 사람이라면, '명부命婦'를 '묘부'라고 읽는 것을 경험한 적이 있을 것이다. '명부'란 『영의해令義解』(신정증보국사대계新訂增補國史大系, 길천홍문관吉川弘文館 간) 직원령 3 중무성조의 주석에, "婦人常五位以上 日內命婦也 五位以上妻 日外命婦也"라고 하듯이, 5위 이상의 귀족 여성이거나 5위 이상 귀족의 부인인 경우에 쓰는 호칭이다. 따라서 '죽파명부'는 귀부인의 이름이고, 때문에 그 밑에 그녀가 있는 곳을 '어소御所'라고 작게 써서 'ㅇㅇ님께'라는 식의 경칭의 의미로 쓴 것이다.

'죽파'의 읽는 음은 '쓰쿠바筑波'와 같다. 8세기 초반까지 목간에 규슈의 '축자筑紫'를 '죽지竹志'라고 쓴 예가 있는 것처럼, '죽竹'은 '축筑'과 같은 자이다. '쓰쿠바'는 관동 평야에 우뚝 선 산으로 이름 높은 쓰쿠바筑波 산의 쓰쿠바이고, 고대 히타치常陸 국에 속하는 쓰쿠바 군(이바라기 현 쓰쿠바 시)의 지명이다. 따라서 쓰쿠바 군과 인연이 있는 '축파명부'라는 귀부인의 이름이라고 보면 된다.

2. 우네매, 지방 호족과 왕권

5위 이상의 사람이라면 『속일본기』에도 이름을 남길 수 있었다는 전제 하에, 이제 인명을 살펴보기로 한다. 나라 시대의 인명에 대해서는 전7권의 『일본고대인명사전日本古代人名辭典』(길천홍문관 간)이라는 편리한 사전이 있어서 인명과 그 등장 사료들을 망라한다. 여기서는 히타치 국 쓰쿠바 군까지는 자료가 있기 때문에, 『고대지명사전古代地名大辭典』(각천서점 간) 등의 지명사전만으로 쓰쿠바 군의 '소所'를 찾아도 통칭 '쓰쿠바 명부'라는 인물의 본명을 알 수 있다.

찾아본 결과, '쓰쿠바 명부'는 히타치 국 쓰쿠바 군 출신의 '우네매采女'인 미부네노 아타이코야카누시매壬生直小家主女였다. 훗날 후궁의 여성 관인으로서 식사를 담당하는 '쇼젠掌膳'이었으며, 여성 천황인 쇼토쿠稱德 천황의 요리를 관장한 측근이었다.

'우네매'란 지방 호족인 군사의 장관과 차관(대령과 소령)의 자매와 딸 가운데 '용모 단정한', 즉 아름다운 여성을 천황의 밑에 두고 봉사하게 하는 제도이자 그 여관을 이르는 명칭이었다. 율령인 후궁직원령後宮職員令 18, 씨녀채녀氏女采女조에, "제씨는 씨별로 여성을 바쳐라. 매년 바치는 인원수는 13명에서 30명으로 하라. 씨족 이외에 스스로 바치려는 자가 있는 때도 허락한다. 우네매를 바칠 때는 군의 소령 이상의 자매나 여식 중 용모가 단정한 자를 선발하도록 해라. 이것에 관한 제반 업무는 중무성이 관할하라"라고 했다.

이 제도는 일본 고대 국가가 중앙 권력인 천황과 전통적인 지방 권력인 지방 호족과의 사이에 지배와 복속 관계를 어떻게 성립시키고 있는지 잘 보여주고 있다. 앞서 설명했듯이, 이 제도와 마찬가지로 지방 호족의 자제들을 '도네리舍人'로 삼아 천황의 측근으로 봉사하게 하는 제도도 있었다. 율령제 하에서 군사로 임명된 전통적인 지방 호족들이 각 지역에서 지배권을 확충하기 위해 중앙 권력과 결합하는 매개로서 일족의 자녀에게 기대는 방식이었다.

7세기 궁정에서 활약했던 우네메들의 실상을 엿볼 수 있는 와카和歌[3]한 수가『만엽집』에 전한다. 지어진 시기는 오랜 기간 천황의 궁전이 있던 아스카에서 새로운 중국풍 궁도인 후지와라쿄로 천도할 즈음이다.

采女乃 袖吹反 明日香風 京都乎遠見 無用尓布久
우네메의 소매를 살랑거리던 아스카의 바람도 서울에서 멀어지니
그들도 보이지 않아 지금은 공허하게 불고 있을 뿐이네
(『만엽집』권1, 51번)

덴치天智 천황이 후계자로 기대해 오미近江 조정을 주재하게 한 오토모大友 황자는 이가伊賀의 우네메가 어머니였다. 672년 진신의 난에서 아버지 덴무天武 천황(당시 오아마大海人 황자)를 지지해 군사들을 지휘한 다케치高市 황자도 규슈(치쿠젠築前 국 무나가타宗像 군)의 지방 호족 출신인 무나가타 우네메가 어머니였다. 이처럼 율령제가 확립되기 전인

---

3 31음을 정형으로 하는 단가를 이르며, 넓은 뜻으로는 중국의 한시와 대조하여 일본 고유의 시를 이르기도 한다.

7세기까지는 천황과 우네매 사이에서 출생한 황자가 유력한 황위 계승 후보가 된 일도 있기도 했다.

덴치 천황은 신하에게 우네매를 부인으로 삼도록 하사한 일도 있었다. 후지와라노 가마타리藤原鎌足는 덴치 천황으로부터 우네매를 하사 받고 그 흡족함에 다음과 같은 와카를 짓기도 했다. "나는 야스미코安見児를 내 것으로 삼았다. 그 누구도 취할 수 없는 야스미코를…"(『만엽집』 권2. 95번) 여기서도 지방 호족 출신의 우네매들이 궁정에서 활약한 모습을 엿볼 수 있다.

기대를 품고 각지에서 천황의 궁정으로 모여든 우네매들은 단순히 용모만 단정했던 게 아니다. 다른 우네매들에게 뒤지지 않도록 수준 높은 교양을 몸에 익히려고 항상 노력했다. 미부네노 아타이코야카누시매壬生直小家主女도 히타치 국 쓰쿠바의 군사인 미부네노 아타이 씨의 기대 속에 서울로 향한 아름답고 지적인 여성이었을 것이다.

한편 그녀의 출생지인 히타치 국 쓰쿠바 군에서는 군청의 쓰쿠바 군가를 구성하고 있는 국가 창고군인 쇼소인 유적(히라사와平澤 관아 유적)이 대대적으로 발굴되기도 했다. 사적들이 새롭게 정비됨으로써, 나라 시대의 공법을 따르는 여러 동의 쇼소인 건물군이 질서 있게 복원됐다.

또한 이 유적 옆으로 고대 사원인 나카다이지中台寺 유적도 발굴·정비됐다. 발굴 당시 초석군이 남아 있었으며 기와들도 도처에 산재해 있었다. 이 사원은 쓰쿠바 군사의 씨족 사원으로 여겨지는데, 미부네노 아타이 씨가 불교를 비롯해 선진적인 문화를 수용한 모습을 여실히 보여주고 있다. 이러한 씨족적 환경 속에 미부네노 아타이코야카누시매는 어렸을 때부터 불교 신앙과 함께 교양을 몸에 익혔을 것이다.

『속일본기』에서도 미부네노 아타이코야카누시매는 다음과 같이 자주 등장한다.

① 덴표호지 5년(761, 준닌淳仁 천황) 정월 무자 "…正七位下壬生直小家主女를…外從五位下로 하다"

② 덴표진고 원년(765, 쇼토쿠 천황) 정월 기해 "…外從五位下…壬生直小家主女를…從五位下로 하다" "從五位下壬生直小家主女를 勳五等"

③ 진고케이운 원년(767, 쇼토쿠 천황) 3월 계해 "常陸國筑波郡人,從五位下壬生直小家主女에게 宿禰 성을 하사하다"

④ 진고케이운 2년(768, 쇼토쿠 천황) 6월 무인 "…掌膳常陸國筑波采女從五位下勳五等壬生宿禰小家主女…를 本國의 國造로 삼다"

⑤ 호키 7년(776, 고닌光仁 천황) 4월 병자 "…從五位上…壬生宿禰小家主에게…正五位下를 수여하다"

미부네노 아타이코야카누시매는 761년(덴표호지 5)에 '정7위'에서 '외종5위상'으로 파격적으로 승진하고 있다(①). 후궁의 여성 관인으로서 고켄孝謙 태상천황에게 정성을 다한 것이 그 승진의 배경일 것이다.

764년에 일어난 '에미노 오시카쓰의 난'을 제압하고, 준닌淳仁 천황을 폐한 후에 쇼토쿠稱德 천황[4]이 다시 즉위하자, 765년(덴표진고 원년) 정월에 '외종5위하'에서 내위의 '종5위하'로 승진해 중앙귀족화하면서 여성으로서는 드문 '훈5등'을 얻고 있다(②). 훈위는 보통 무공을 세운 무인이 받는 것이기 때문에, 이 경우는 '에미노 오시카쓰의 난'이 일어났을 때 고켄 태상천황을 가까운 거리에서 경호한 활약에 대한 평가일 것이다. 이때 '가바네姓'[5]도 '아타이直'에서 '무라지連'로 승격하고 있는 것으로 보아, 고켄 태상천황의 신뢰가 상당했다는 사실을 알 수 있다. 쇼토쿠 천황의 시대가 되자 최측근이 되어 767년(진고케이운 원년)에는 가바네가 '무라지'에서 '스쿠네宿禰'로 상승하고 있다(③).

이듬해인 768년(진고케이운 2)에는 후궁의 관사인 후궁 12사 가운데 요리를 담당하는 '선사膳司'의 책임자인 '장선掌膳'이 되고, '상륙국축파군채녀常陸國築波郡采女'이면서 본국(히타치常陸 국)의 지방관인 '구니쓰코'에까지 임명되고 있다(④). 중앙에 있는 여성 관인이 그대로 본국의 구니쓰코가 되는 일은 굉장히 드문 일이었다. 그녀를 중앙으로 보냈던 향리의 군사 씨족인 미부네노 아타이 씨로서도 대단히 기뻐할 만한 일이었다.

이후 쇼토쿠 천황이 사망한 뒤, 고닌光仁 천황 시대인 776년(호키 7)에 위계는 '종5위상'에서 '정5위하'로 승진한다(⑤).

이들 기사로부터 미부네노 아타이코야카누시매는 히타치 국 쓰쿠

---

4 일본의 제46대, 제48대 천황. 일본 최초의 독신여제獨身女帝로 제46대 고켄 천황으로 즉위하였다가 준닌 천황에게 천황 자리를 양위하였었다. 이후 에미노 오시카쓰의 난 (후지와라노 나카마로의 난)을 계기로 준닌 천황을 폐위시키고 다시 제48대 천황 자리에 올랐다.

5 고대 일본에서 지배층에 속하는 씨족이 이름 밑에 붙여서 가문을 나타내던 칭호.

바 군의 우네매이자 여성 천황인 고켄 천황과 그 뒤를 이은 고켄 태상 천황 및 쇼토쿠 천황의 후궁으로서, 특히 식선을 담당하며 최측근에서 활약한 여성임을 추론해낼 수 있다. 훗날 쇼토쿠 천황이 승려 도쿄道鏡[6]에게 귀의한 사실에서 알 수 있듯이, 그녀는 어머니 고묘 황후를 본받은 불교 신봉자였기 때문에, 미부네노 아타이코야카누시매의 불교 신앙도 여제와의 결합을 재촉했을 것이다.

사실 『속일본기』에 쓰여 있는 것처럼, 쇼토쿠 천황은 최측근 여성 관인으로 와케노 히로무시和氣廣虫(와케노 기요마로和氣淸麻呂의 누나)와 기비노 유리吉備由利(기비노 마키비吉備眞備의 동생)를 매우 신임했었다(와케노 히로무시는 나중에 배제). 와케 씨와 기비(시모쓰미치下道) 씨 모두 지방 호족 출신의 씨족으로, 미부네노 아타이코야카누시매의 존재감도 같은 차원에서 이해할 수 있다. 특히 '에미노 오시카쓰의 난'으로 정국이 혼란스러울 때 고켄 태상천황을 지지해 활약한 사실은 쇼토쿠 천황 시대에 그녀를 더욱 광영 있는 자리로 격상시켰다.

물론 고켄 태상천황과 쇼토쿠 천황의 후궁으로 종사하면서 천황의 신임을 얻은 우네매에는 미부네노 아타이코야카누시매 말고도 더 있었다.

고즈케上野 국 사이佐位 군의 군사인 히노구마베노키미檜前部君 씨 출신의 우네매인 히노구마베노 오이토지老刀自는 766년(덴표진고 2) 12월에 쇼토쿠 천황의 서대사 행행에 동행해 '외종5위하'에서 '외종5위상'으로 승진했고, 767년(진고케이운 원년) 3월에는 '회전부군檜前部君'에

6 승려 '도쿄道鏡'에 대해서는, 제5장 각주 5 참조.

서 '상야좌위조신上野佐位朝臣'의 성을 받고 있다.

또한 768년(진고케이운 4) 6월에는 '장선상야국좌위채녀외종5위하
상야좌위조신노도자掌膳上野國佐位采女外從五位下上野佐位朝臣老刀自'로서
본국(고즈케 국)의 '구니쓰코'에 임명되고, 771년(호키 2) 정월에는 '종
5위하'까지 승진하고 있다(『속일본기』). 이 모든 소식은 그를 낳은 히노
구마베노키미 씨에게 커다란 낭보가 아닐 수 없었을 것이다.

고즈케 국 사이 군에서도 사이 군가의 유적으로서 산겐야三軒家 유
적(군마群馬 현 이세사키伊勢崎 시)이 발굴 조사됐고, 『상야국교체실록장
上野國交替實錄帳』(1030)에 기재된 내용과 일치하는 쇼소인 창고군 등이
발굴되고 있다. 군가의 바로 북쪽에는 7세기 후반으로 거슬러 올라가
는 군사郡寺인 가미우에키上植木 폐사와 기와를 굽는 가마터가 있다.
히노구마베노 오이토지도 이 사원에서 키워냈던 신앙심이 쇼토쿠 천
황의 신임으로 이어졌을 가능성이 크다. 그녀도 요리 책임자인 '장선'
이었기 때문에, 같은 동국 출신의 우네매인 미부네노 아타이코야카누
시매의 동료로서 쇼토쿠 천황을 섬겼을 것이다. 이렇게 지방 호족 출
신의 우네매들과 그 모체인 지방 호족들이 여성 천황인 쇼토쿠 천황
을 지지하고 있었다고 생각된다.

3. 에미노 오시카쓰의 난과 목간

'쓰쿠바 명부'에 대한 다른 단서를 찾아보기 위해 『속일본기』를 다시
뒤져보니, 같은 시기에 다음과 같은 기사들이 보인다.

① 덴표호지 6년(762) 정월 신축조

다카누高野 천황(고켄 태상천황)과 천황(준닌 천황) 사이에 틈이 생겨났다. 이에 천황의 수레가 헤이조큐로 돌아왔다. 천황은 중궁원에서 거하고, 고야 천황은 홋케지法華寺에 거하게 됐다.

② 덴표호지 6년(762) 6월 경술조

5위 이상을 조당에 불러 모아 이르기를, "고묘 황태후께서 오카노 미야岡宮(구사카베草壁 황자)의 후사가 끊어지지 않도록 여자인 자신(고켄)을 즉위시켰다. 그런데 준닌 천황이 자신에 대해 온당치 않은 언사를 하는 것에 대해 부당하다고 생각했다. 하지만 한편으로 부끄럽게 생각해 출가하기로 했다. 다만 정사를 보는 데, 작은 제사와 작은 일들은 지금의 황제(준닌)가 담당하게 하라. 그리고 국가 대사와 상벌은 짐(고켄 태상천황)이 담당한다."

③ 덴표호지 8년(764) 9월 임자조(에미노 오시카쓰 전)

오시카쓰(후지와라노 가마타리)는…다른 요직들도 인척들이 차지했기에 제멋대로 권세를 휘둘렀다. 그때 도쿄道鏡가 천황의 곁을 지켜 총애를 받자, 오시카쓰가 이를 꺼려 편치 않았다.

④ 호키 3년(772) 4월 정사조(도쿄 전)

도쿄…덴표호지 5년(761), 호라保良에 행차하면서부터 간병에 매달려 총애를 받았다. 폐제(준닌)가 자주 간하자, 천황(고켄)과 준닌 사이가 안 좋게 됐다. 고켄 천황이 헤이조의 별궁으로 옮기셨다.

762년 5월의 기사(①)에는 다음과 같은 배경이 있다. 헤이조큐를 보수하던 시기 고켄 태상천황과 준닌 천황은 오미近江 국의 호라保良 궁(시가 현 오쓰大津 시)으로 거처를 옮긴다. 이때 병에 든 고켄이 간병에 종사한 도쿄를 총애하게 되자, 준닌 천황이 이를 종종 이간질했기 때문에 상황은 험악해지곤 했다.

762년(덴표호지 6) 5월에 헤이조큐로 돌아오고 나서는 이 두 사람 사이의 관계가 많이 악화돼 있었다. 준닌 천황은 헤이조큐의 중궁원에 들었고, 고켄 태상천황은 헤이조큐의 동쪽에 인접한 홋케지를 거처로 정해 별거 상태에 이르고 말았다. 앞서 설명됐듯이, 홋케지는 710년 헤이조쿄 천도 이전부터 후히토의 저택이 있었던 장소였다. 후히토가 죽고 난 뒤에는 그의 딸인 고묘 황후가 물려받았으며, 신앙심이 깊은 고묘 황후는 이 저택을 절로 만들어 홋케지가 된 것이었다. 고켄 태상천황은 고묘 황후의 딸이었기에 어머니와 관련이 깊은 이 절을 자신의 거처로 삼은 것이었다.

이 시대에 태상천황은 천황과 어깨를 나란히 하거나 그 이상의 권위와 권력을 지닌, 결코 은퇴한 존재가 아니었다. 762년 6월 기사(②)에 "정사를 보는 데, 작은 제사와 작은 일들은 지금의 황제(준닌)가 담당하게 하라. 국가 대사와 상벌은 짐(고켄 태상천황)이 담당한다"라며 고켄 태상천황은 일방적으로 준닌 천황의 권한을 규제하는 선언을 하고 있다.

이리하여 승려 도쿄를 총애하는 고켄 태상천황과 그 사이를 이간하던 준닌 천황의 관계는 결렬됐고, 준닌 천황을 옹립한 에미노 오시카쓰(후지와라노 나카마로)의 입장은 미묘해진다. 오시카쓰는 '다치바나노 나라마로橘奈良呂의 난'으로 다치바나 씨와 오토모大伴 씨, 사에키佐伯 씨 등의 세력을 제압했을 뿐만 아니라, 같은 후지와라 씨의 남가南家 계통이라도 자신보다 상위의 우대신이었던 형 도요나리豊成를 강등시켜 다자이후大宰府로 좌천시키기도 했다(도요나리는 병을 칭해 나니와에 머물렀다). 이로 인해 다른 씨족만인 아니라 후지와라 씨의 다른 가(북北, 식式, 경京 가)로부터의 지지도 잃은 상황이었다.

764년 9월 기어이 오시카쓰는 난을 일으킨다. 그러나 헤이조큐에서 중립을 지키던 준닌 천황 밑에 있던 '영鈴·인印'(천황 지배권의 상징인 역령驛領과 '천황어새天皇御璽' 도장) 쟁탈전에서 서장에 고켄 태상천황 측에게 패한다. 결국 자신의 기반인 오미近江 국(시가 현)을 향해 떠나지만, 그 길이 막혀 오미 국부(시가 현 오쓰大津 시)에는 들어갈 수가 없게 된다.

이후 비파호 서안을 따라 북상해 아들이 국수國守를 지내고 있던 에치젠越前 국으로 향한다. 하지만 여기서도 아라치愛發 관이 차단돼 에치젠에 들어갈 수가 없게 된다. 끝내 비파호 서쪽 지역에서 최후의 결전을 치르게 된다. 긴 전투 끝에 고켄 태상천황 측에 가담했던 후지와라 씨의 군대가 도착한 뒤 드디어 승부가 결정되고, 오시카쓰는 병사들에게 죽임을 당한다. 고켄 태상상황 측에는 '수도위授刀衛'[7]의 화력과 함께 오시카쓰의 전횡을 탐탁찮게 여겼던 여러 씨족의 세력이 더해진 데다, 병법에 밝은 참모인 기비노 마키비吉備眞備[8]도 있었다고 전해진다.

---

7 오위부伍衛府를 보완하는 목적으로 덴표호지 3년(759)년에 설치됐다. 나중에 근위부에서 좌근위부로 변모한다.

다시 목간 모두의 '사寺' 자로 이야기를 돌려보자. 이 글자는 홋케지, 즉 '절'을 의미하는 것이었다. 고켄 태상천황이 있던 홋케지에서는 최측근 후궁이자 여성 관인으로 식선을 담당하던 미부네노 아타이 코야카누시매 즉, '쓰쿠바 명부'가 시중을 들고 있었다.

따라서 이 목간은 홋케지의 그녀가 헤이조큐에 있는 식료 담당 관청에 필요한 식료품과 조미료를 청구한 것이었다. 비록 중간중간 생략된 문장들로 이뤄졌지만, 그렇더라도 충분히 이 목간의 송신자와 수신자는 파악할 수 있다. 소두, 초, 말장 등을 취급하는 헤이조큐 내의 관청은 궁정 전체의 식선을 담당하는 대선직(궁내성의 관하)이었다. 즉, 이 목간은 이곳 대선직까지 보내져 거기서 용도를 마치고 폐기돼 쓰레기장에 매립된 것이었다. 헤이조큐에는 목조 건축물이 다수 세워져 있었기 때문에 궁내의 쓰레기를 처분할 때는 화재를 피하기 위해 소각하지 않고 구덩이를 파서 매립하는 것이 일반적이었다.

또한 '에미노 오시카쓰의 난' 이후 준닌 천황이 폐위돼 '폐제'가 되자(준닌의 칭호는 근대 메이지기에 추증한 것), 764년 10월 쇼토쿠 천황이 다시 즉위해 태상천황과 천황의 별거 상황은 해소된다. 따라서 '3월 6일'이란 날짜가 있는 이 목간의 연기는 763년 또는 764년의 언젠가로 한정할 수 있을 것이다. 물론 이 결론은 앞서 서술한 쓰레기 처리장에서 일괄 폐기된 유물들의 추정 연대인 덴표호지의 말년(763~765년경)

---

8 아스카 시대와 나라 시대의 학자이자 정치가이다. 지방 호족 출신이라는 한계를 극복하고 중앙 정계로 진출하여 태정관의 최고위직에 해당하는 우대신의 자리까지 올랐다. 그는 후지와라노 나카마로의 난을 성공적으로 진압하여 출세 가도를 달렸으나 정치적 후원자 쇼토쿠 천황의 사망과 법왕 도쿄의 실각으로 정치 생활을 마감한다.

과 상충하지 않는다.

정리하자면, 헤이조큐 제1호 목간은 고켄 태상천황의 측근이었던 쓰쿠바 명부(미부네노 아타이코야카누시매)가 식선 담당의 후궁 여관으로서 '사膳' 즉, 홋케지에서 헤이조큐 내에 있던 식료 관할 관청인 태선직 앞으로 소두와 장 등의 식료와 조미료를 청구한 문서 목간이었다. 아마 물품은 이미 홋케지에 이르렀고, 그 용도가 다한 목간은 대선직 근처에서 폐기됐을 것이다. 이 목간이 출토된 쓰레기장이 있었던 관아 지구는, 다른 목간들의 내용으로부터 검토해보건대, 대선직이라 추정되고 있다.

이 목간 자체에는 연기가 누락된 짧은 기재 사항밖에 남아 있는 게 없다. 하지만 '오시카쓰의 난'이 일어나기 전 고켄 태상천황과 준닌 천황과의 대립이라는 긴박한 상황에서 제작되어 제 기능을 다하다 폐기된 문서임이 분명한 증거들이 담겨 있다. 이렇게 단 한 점의 목간만으로도 문헌 사료와의 상호 비교를 통해 고대사에 대한 이해는 보다 깊어질 수 있는 셈이다.

제12장 주부 목간의 세계

1. 율령제의 제사

헤이조큐와 헤이조쿄 유적에서 종종 출토되는 제사 유물들을 통해 고대 율령제 하에서 치러진 제사의 실상을 엿볼 수 있다. 율령 신기령神祇令은 6월과 12월 그믐날에 열리는 도향제道饗祭의 역할에 대해, 궁성의 네 귀퉁이의 귀신이 경내에 침입하는 것을 막는 것으로 규정하고 있다. 『연희식延喜式』 임시제에서도 궁성의 네 귀퉁이에서 행해진 역신제에 대해 다루는데, 헤이조큐와 헤이조쿄로의 역신의 침입을 경계·예방하려 하고 있다. 헤이조큐, 헤이조쿄, 기나이 등 각지의 경계에서 악역을 막는 제사가 행해졌으며, 오하라에大祓에서는 6월과 12월의 그믐날에 백관이 참여하는 대규모의 액막이 제사가 주작문朱雀門 앞에서 거행됐다.

　헤이조큐의 남쪽 궁성문 앞 도랑에서는 오하라에에서 사용된 제사구로 보이는 인형과 제사 용구의 하나로 나뭇가지에 종이 오리를 매단 유구시齋串, 목제 제사구(말·배·칼 모양 등), 흙으로 만든 말, 사람 얼굴 모양의 묵서 토기 등 다수의 제사 유물이 출토되고 있다. 또한 헤이조쿄 내 조방條坊 도로의 양편 도랑이나 하천에 걸린 다리 부근에서도 이와 같은 제사 유물들이 대량으로 발굴되고 있다.

인형은 사람 모양을 본뜬 얇은 판자 위에 얼굴과 머리카락 등을 묵서한 것으로, 자신의 더러움을 씻어내기 위해 대역인 인형에게 숨을 불어넣기도 하고, 신체 중 좋지 않은 부분을 문지르고는 물에 떠내려 보내기도 했다. 사람 얼굴 모양을 한 묵서 토기도 그릇 속에 숨을 불어 넣어 액막이로 삼지 않았을까 추측된다. 이렇게 물가에서 행해진 액막이 제사는 궁도의 청정을 지키고, 경내로 악역이 침입하는 것을 막기 위한 것이었다. 여기서 많은 인구가 집중적으로 거주하는 도시의 사정에 결부된 궁도의 제사 모습을 그려볼 수 있다.

마찬가지로 지방의 국부와 군가 등 지방 관아의 유적 주변에서도 궁도와 똑같이 다양한 제사 유물들을 사용해 물가에서 제사를 지냈다. 예컨대 다지마但馬 국부 부근의 하카자袴座 유적(효고兵庫 현 도요오카豊岡 시)에서 방대한 양의 인형과 제관이 출토되고, 미노美濃 국 무기武儀 군가(기후岐阜 현 세키關 시)인 미륵사 서쪽 유적에서 인형과 유구시가 다수 출토됐다. 이렇게 지방에서 거행된 궁도 제사 역시 율령제 하의 제사라고 할 수 있다.

2. 주부 목간

(1) 저주 인형

헤이조큐 유적 가운데 천황의 거주 공간이던 다이리內裏 부근의 우물에서 출토된 '저주 인형'은 사람의 모습을 한 얇은 판으로 만들어졌다. 판 위에 묵서가 쓰여 있고, 양쪽 눈과 심장 부위에는 나무못이 박혀 있기도 했다. 보통의 인형이라면 자신의 부정을 씻기 위한 도구일 테지만, 이것은 타인을 저주하기 위해 사용됐다. 보통 액막이大祓 의식에 사용되는 인형은 주로 하천이나 도랑 등 물이 흐르는 물가에서 일괄적으로 출토되는 경우가 많은데, 이처럼 폐쇄적인 공간인 다이리 우물에서 출토되는 경우는 드물었다.

사람을 저주하는 일은 당연히 범죄로서 엄격하게 금지돼 있었다. 그럼에도 불구하고, 무릇 가장 청정해야 할 천황의 생활공간인 다이리에서 이렇게 실제로 저주 사건이 있었다는 증거 자료가 발굴된 것이다. 『속일본기』에도 나라 시대 후기 쇼토쿠稱德 천황 때 사호佐保 천 강변에서 해골 안에 천황의 머리카락을 넣어

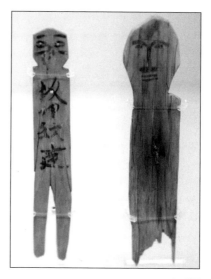

저주 인형

저주한 사례가 기록돼 있다. 이처럼 헤이조큐 다이리에서 그 관계자들에 의해 저주가 행해졌다는 것은 주목할 만하다.

(2) 주부 목간

일반적으로 주부呪符(부적) 목간은 저주보다 악역을 피하기 위한 액막이 용으로서 부적 기능을 가진 사례가 다수를 차지한다. 저주의 의미를 갖는 기호인 '부첨符籤'과 저주하는 문장을 기재하고, 그 끝에 '급급여율령急急如律令'이라고 쓴 사례가 특히 많다.

이조대로의 주부 목간

· 南山之下有不流水其中有

一大蛇九頭一尾不食余物但

食唐鬼朝食三千暮食

· 八白 急急如律令

이 목간은 헤이조쿄 좌경 2방의 이조대로 노면 끝에 위치한 쓰레기장에서 출토된 목간 가운데 한 점이다. 737년(덴표 9)에는 천연두가 창궐했는데, 규슈에서 발생해 헤이조쿄에서도 맹위를 떨치더니 당시의 권력자 후지와라 후히토의 네 아들의 목숨까지 앗아가기도 했다. 이 목간은 역병을 일으키는 당귀唐鬼를 모두 먹어치우는 큰 뱀에게 그 퇴치를 소원한 부적 용이라 여겨진다.

이바 유적 출토 목간 제39호

(앞) 百恠呪符百百恠宣受不解和西恠□□令疾三神□□□ [三カ] [宣カ]

宣天岡直符佐无當不佐□急急如律令 [三カ]

(용 그림)

人山 龍□ 急急如律令

人山 龍□

(뒤)   戊蛇子□□□

戊   急急如律令

戊弓ㅋㅋㅋ弓

'백괴주부百恠呪符'라고 불리는 거의 정형의 주부 목간으로 이바ﬀ場 유적(시즈오카 현 하마마쓰 시)의 큰 구덩이에서 출토된 것으로 풍화에 의해 지워진 문자의 흔적이 보인다.

다가조 출토 주부 목간

(부첨) 百恠平安符未申立符

무쓰陸奧 국부에 있는 성책城柵 유적인 다가조多賀城 유적(미야기宮城 현 다가조 시)에서도 외곽 남면의 매립지 바깥의 서쪽 도랑에서 '백괴주부'의 부적 목간이 출토되고 있다. 곁에는 "미신에 세우는 부未申立符"라고 쓰여 있는데, 이때 '미신'은 서남 방향을 의미한다(사실 출토 지점도 다가조의 서남 방향이다). 10~11세기경 다가조 외곽 네 귀퉁이에 이 목간을 세워 나쁜 액운의 침입을 막았던 것으로 추정된다.

구구

九九

목간에 구구라고 적어둔 것들도 있다. 이러한 기재 사항들은 산술적 용도의 습서 목간에서 자주 발견되곤 하는데, 주부 목간에서도 간혹 발견된다. 고대의 구구단은 '구구 팔십일'부터 시작해 '일일은 일'까지 하강해가는 순서였고, 이 가운데 '구구 팔십일'과 '팔구 칠십이'는 주술적인 의미에서 사용된 것이었다.

(3) 조합문자

'我', '君', '念' 세 글자의 자획을 공유하면서 일체화하여 붓으로 쓴 조합문자 토기가 헤이조큐 유적에서 출토되고 있다. '道', '爲', '金' 세 글자를 조합한 문자도 보인다. 이중 전자의 조합은 근세 도교 주술서인『부부이별제문夫婦離別祭文』에 있는 "나는 잊을 것이다. 그대도 잊어라"라는 문장에서 따온 것으로, 부부 가운데 누군가가 이별을 시도할 때 저주 문구로서 활용했다.

3. 나무에서 종이로

주부 목간은 고대부터 중세까지 그 사례가 비교적 풍부하다. 하지만 점차 종이에 그 지위를 내놓더니, 근세에 이르러 대부분 종이 부적이 이를 대신하게 된다. 오늘날 전국 각지의 절과 신사에서 인쇄된 종이 부적인 어찰御札과 호부護符가 발행되고 사용되는 모습은 익히 우리가 경험하는 바와 같다. 물론 고대와 중세에 존재했던 주부 목간의 서사 재료가 나무에서 종이로 변했다는 것 자체가 이러한 주술 문화의 퇴보를 의미하진 않는다.

지금까지 전해져오는 주부 목간의 대표적인 사례들을 살펴보도록 하자.

(1) 소민장래부

『석일본기釋日本紀』[9] 「비후국풍토기備後國風土記」에 따르면, 옛날 무토武塔라는 신이 날이 저물어 잠자리를 찾던 때에 부자 동생인 장래將來에게는 거절을 당하고, 가난한 형 소민장래蘇民將來의 집에서는 환영을 받았다. 답례로 무토 신은 소민장래의 자손이라는, 갈대로 만든 목걸이를 하고 있으면 역병에서 벗어날 수 있다고 했다. 이때부터 "소민장래지자손야蘇民將來之子孫也"라고 묵서한 부적과 호부를 역병 액막이를 위해 문에 걸어 두게 됐다고 한다.

또한 육각형 기둥 모양의 나무 제품에 '소민장래' 혹은 '소민장래자손수蘇民將來子孫守'라고 묵서된 주부 목간을 절이나 신사에서 받게 되는 일도 있다. 이 사례는 시나노信濃 국분사 팔일당八日堂(나가노長屋 현 우에다上田 시)에서 지금까지도 행해지고 있다.

---

9 13세기 말~14세기 초에 편찬된 『일본서기日本書紀』의 주석서.

(2) 오키나와의 주부 목간과 부찰

오키나와沖繩에는 지금도 '노로ノロ'와 '유타ユタ'라고 불리며, 주술적으로 특별한 능력을 가진 사람들이 존재한다. 제사장인 우타키御獄나 이들의 관장 하에 곳곳의 기도소에서 열렬히 진행되는 예배 광경도 어렵지 않게 목격할 수 있다. 주로 막다른 골목에 주술적인 용도로 설치된 '석감당石敢當'도 자주 마주치는 시설 중 하나인데, 이를 통해 오키나와 원주민들의 신앙 세계를 엿볼 수가 있다.

특히 오키나와에는 '후후다符札'라고 부르며, 액막이를 위해 류큐 석회암의 담으로 둘러싸인 집 네 귀퉁이와 대문 좌우까지 모두 여섯 군데에 주부 목간을 꽂아두거나 부착해두는 습속이 있다. 후후다 주부 목간은 상단이 산 모양이며, 장방형으로 뻗은 하단은 끝이 뾰족한 051 형식을 취하고 있다. 동서남북의 네 방위와 '후로쿠符籙'[10], '신명神名', '급급여율령急夕如律令' 등의 주구가 묵서돼 있다(최근에는 인쇄).

오랜 시간 야외에서 비바람에 노출된 후후다는 대부분 묵서된 글자 부분만 마치 코팅해놓은 것처럼 보인다. 지금도 오키나와 현 나하 시 슈리首里에 있는 관음당 등의 사원에서 후후다를 받을 수 있는데, 목간 후후다와 동시에 종이 후후다도 준비된다. 전자는 주로 집 밖에서, 후자는 주로 집 안에서 사용된다. 최근에는 류큐 석회암으로 담을 쌓아올린 전통 가옥은 감소하고 있기 때문에 후후다 목간의 사용도 점차 줄어들고 있다.

---

10 중국에서 도교 수행자가 몸에 부착한 비밀 문서를 이른다. '부符'는 원래 신분을 증명하는 패로 거기에 주문을 적어 부적으로 삼았다. '녹籙'은 하늘에 있는 신관이나 신선의 명부로서 천에 적은 것이다.

노로와 석감당

제13장 나가야오케 목간의 세계

1. 나가야오

나가야오長屋王(?~729)는 '진신의 난壬申の乱'에서 아버지 오아마大海人 황자皇子(훗날 덴무天武 천황)를 대신해 군사적으로 활약한 다케치高市 황자의 아들이다.

다케치 황자는 덴무 천황과 규슈의 지쿠젠筑前 국 무나카타宗像 군을 본거로 하는 지방 호족인 무나카타 씨 출신의 우네매采女 사이에 태어난 황자로, 덴무의 아들 중 가장 연장자였다. 또한 덴무 천황 시대에 태정대신이라는 중요한 지위에 있었으며, 그가 사망할 때까지 지토持統 천황이 손자인 가루輕 황자의 입태자를 기다리지 않으면 안 될 정도로 강력한 황위 계승 후보자였다. 진신의 난에서 그의 활약상은 당대인들에게 유명한 것이었다.

나가야오는 구사카베草壁 황자의 딸이자 몬무文武 천황의 여동생인 기비吉備 내친왕을 부인으로 둔, 존귀한 황족 혈통의 소유자였다. 그는 당대 유력자였던 후지와라 후히토藤原不比等의 딸과도 혼인했으며, 720년 후히토가 사망한 뒤 우대신을 거쳐 좌대신까지 오름으로써 정계 수반이 되어 정치를 주도하기도 했다. 후히토의 아들들인 후지와라 4형제—무치마로武智麻呂(남南 가), 후사사키房前(북北 가), 우마카이宇合(식式 가), 마로麻呂(경京 가)—가 아직 어리고 힘을 갖기 전 시절이었다.

751년(덴표쇼호 3)에 편찬된 한시집 『회풍조懷風藻』[1]에는, 당대 문화와 문학의 살롱 역할을 했으며, 때때로 신라사 등 외국 사절을 환영하는 향연이 펼쳐진 나가야오의 저택에서 창작된 한시들이 다수 수록돼 있다. 나가야오케長屋王家 목간 중에는 "발해渤海", "교역交易"이라고 쓰인 목간도 보이는데, 이를 통해 나가야오케와 727년 발해에서 일본으로 건너온 최초의 발해 사절과의 관계가 추측된다.

나가야오 저택은 8세기 초엽 대표적인 일본 문화의 거점 가운데 하나였으며, 『회풍조』에서 보이듯이 그곳에 출입한 문인들 중에는 도래계 문인들도 있었다. 나가야오 자신도 『회풍조』와 『만엽집』에 한시와 와카和歌를 남기고 있었다. 또한 그는 712년(와도和銅 5)과 728년(진키神亀 5) 두 번에 걸쳐 대반야경 6백 권의 사경 사업을 진행한 불교 신앙을 가진 인물이었다. 『만엽집』에는 쇼무 천황이 나가야오 저택에서 열린 연회에 참석했을 때 지은 "나라의 산에서 나는 흑목黑木으로 만

---

1 일본에 현존하는 가장 오래된 한시집이다. 덴지 덴노 시대부터 나라 시대에 이르는 시기의 덴노·왕족·신하·승려 등, 당대 지식인 64명의 한시 120편을 수록하고 있는데, 덴노의 행차와 연회석에서 지어진 시가 많다. 중국 육조六朝의 시풍을 모방한 일본 고대 시의 정수를 전하고 있다. 훗날 『만엽집』 편찬에 큰 영향을 끼쳤다고 평가된다.

든 집은 언제까지 있어도 질리지 않는다"(권8, 1,638번)라는 와카가 남아 있기도 하다.

또한 일본에 불교 계율을 전한 당나라 승려 간진鑑眞의 전기인 『당대화상동정전唐大和上東征傳』에 의하면, 그가 일본에 대해 이미 알고 있던 사실 중에는, 나가야오가 중국 승려들을 위해 천 장의 가사袈裟를 증정하고, 그 옷깃에 "사는 곳이 다르지만 같은 하늘을 이고 있다. 여러 불자들에게 가사를 보내 인연을 맺는다"라는 아름다운 한문 문장이 수놓아져 있었다는 내용이 있다. 이처럼 나가야오라는 인물과 그의 활동은 주로 중국 남부 고와이江淮 지방에서 불교 활동을 하고 있던 간진까지도 알고 있을 정도였다.

이 천 장의 가사는 일본에서 견당사遣唐使가 당나라로 가져가 승려들에게 선물했을 것이다. 무릇 견당사라고 하면, 당나라의 선진 문명을 일본에 전한 기능만 강조하지만, 나가야오의 사업이었던 가사의 예에서 보듯이 거꾸로 일본에서 만들어진 좋은 제품이 당나라로 전해진 사례도 있었다.

정리하자면, 나가야오는 당대 동아시아에 자기 이름을 널리 알리며 국제적인 문화 환경을 누볐던 인물이었다. 도래계 사람들을 포함한 문인들이 다수 모였던 나가야오의 저택이 당대에 수준 높은 문화 살롱일 수 있었던 까닭이 여기에 있다.

2. 나가야오의 변고

729년(덴표 원년) 모반 혐의로 밀고된 정2위 좌대신 나가야오는 우마카이宇合가 이끄는 위부衛府의 군사들에 의해 저택이 포위당하고, 심문 끝에 자살한다. 이와 동시에 처 기비 내친왕과 그녀가 낳은 왕자들도 목숨을 끊는다. 하지만 나가야오의 측실인 후지와라 후히토의 딸과 그 자식들, 그리고 많은 관계자들에게는 죄를 묻지 않았다. 『속일본기』는 기비 내친왕에게 죄가 없다고 적고 있고(덴표 원년 2월 갑술조), 밀고는 무고라고도 적고 있다(덴표 10년 7월 병자조). 결국 이 사건은 왕의 저택을 포위한 쪽이 중심이 돼 사건 후에 고묘 황후를 내세워 정계에 진출한 후지와라 4형제에 의해 조작된 모략이라 여겨진다.

이 사건의 배경에는 후지와라 가문이 왕위 계승에서 외척의 지위를 빼앗길지도 모른다는 위기감이 자리하고 있었다. 후지와라 씨는 원래 후히토의 딸인 미야코宮子가 몬무 천황에게 시집을 가고, 그 아들인 쇼무 천황(701~756년)에게 다시 후히토의 딸인 고묘시(光明子, 701~760년)가 시집간다는 혼인 정책을 이행하며, 외척으로서의 정치 권력을 강화시킨 신흥 씨족이었다. 그 고묘시로부터 사내애가 태어나고, 덴무와 지토 천황의 직계이자 후지와라 씨의 여인을 어머니로 둔 다음 천황이 보증되는 것을 그 가문은 기대하고 있었다.

727년(진키 4) 고묘시가 낳은 대망의 친왕은 관례를 무시하고 생후 곧 황태자로 지명됐지만, 이듬해 요절하고 만다. 한편 쇼무 천황의 다른 부인인 아가타이누가이노 히로토지縣犬養廣刀自가 쇼무 천황의 유일한 후손인 아사카安積 친왕을 낳는다. 이 아사카 친왕이 성장하자

나가야오 저택 복원 모형

천황의 외척으로서의 지위를 잃게 된다는 위기감이 후지와라 가문을 엄습했다.

아사카 친왕의 배경에는 황족 출신의 다치바나노 모로에橘諸兄 (684~757년, 미누美努 왕과 다치바나노 미치요橘三千代 사이에서 출생한 이로, 애초에는 가쓰라기葛城 왕으로 불렸다)와 후지와라 가문의 진출로 퇴출되고 있던 전통적인 씨족 가문인 오토모大伴 가문과 사에키佐伯 가문 등이 있었다.

그리하여 후지와라 4형제는 천황 권력과 결합을 강화시키기 위해, 고묘시의 입후를 목표로 그에 방해가 되는 나가야오를 배제한 것이었다. 이 사건으로 목숨을 잃은 나가야오와 기비 내친왕, 그리고 그의 왕자들은 유력한 황위 계승 후보였기 때문에, 후지와라 가문에게는 이러한 불안 요소를 제거하는 것이 최종 목표였던 셈이다.

3. 나가야오케 목간의 세계

헤이조쿄 유적 좌경 3조 2방, 1·2·7·8평에서 광대한 면적을 보유한 나라 시대 초기의 나가야오 저택에 대한 발굴 조사가 진행됐다. 조사를 통해, 공적 공간·생활공간·가정家政 기관 공간 등으로 정연하게 배치된 건물군이 확인됐고, 무엇보다 3만 5천 점에 이르는 풍부한 역사 정보인 나가야오케 목간이 출토되기도 했다. 또한 716년(레이키 2) 하반기 저택 내의 도랑에서 일괄 폐기됐던 목간들이 발굴됨으로써, 나가야오와 그 가족의 화려한 생활을 포함해 왕가 가정 기관의 구성과 직무 내용, 왕가에서 일하는 다양한 계층과 직종의 사람들 모습,

그리고 그를 지탱했던 경제적 기반의 실태 등이 확실하게 밝혀졌다.

長屋親王宮鮑大贄十編　214×26×4　031형식

여기서 덴무 천황 2세의 손자에 해당하는 나가야오가 '왕'이 아니라 율령(계사령 1. 황형제자조)에서 천황의 형제와 황자를 부르는 칭호로 제한된 '친왕'이라 불리고 있었다는 점에 주목해볼 필요가 있다. 먼저 저택 내에서 사적으로 '친왕'이라 불렸을 가능성을 언급하는 견해가 있다. 하지만 하찰 목간 자체가 공식적인 기능을 갖고 있기에 꼭 친근한 호칭이었다고만 한정할 수는 없다.

또한 '친왕궁'을 전대에 존재했던 미코노미야 '황자궁'의 단순한 표기 사례로 보는 것도 가능하다. 그러나 715년(레이키 원년)에 나가야오와 기비 내친왕 사이에 태어난 왕자들이 황손 취급을 받았던 것처럼(『속일본기』 동년 2월 정축조), 황족의 존귀한 혈통을 가진 황손의 아버지에 해당하는 입장이기도 했던 나가야오가 오히려 유력한 황위 계승 후보였음을 의미하는 표현으로도 볼 수 있지는 않을까.

두 번째로 나가야오케 목간을 통해 알 수 있는 사실은, 나가야오와 기비 내친왕의 가정 기관과 다양한 계층과 직종의 왕가 종사자들의 실태다.

가정 기관의 중추인 나가야오케의 영소令所 · 정소政所 · 무소務所 밑으로, 의식주 업무를 맡는 주전사主殿司 · 대취사大炊司 · 선사膳司 · 채사菜司 · 주사酒司 · 수취사水取司 등이 있었고, 생산 업무를 담당하는 공사工司 · 안구작사鞍具作司 · 주물소鑄物所 · 동조소銅造所 등이 있었다. 사경을 담당한 서법소書法所와 근시자인 장내帳內 · 사인舍人 들이 속한 장내소帳內所도 있었다. 나아가 저택 내에서 키우던 동물의 관리를 담당한 마사馬司 · 견사犬司 · 학사鶴司와 의사醫師와 여의女醫 가 속한 약사처藥師處에 이르기까지 다양한 직무를 분담하는 여러 기 관이 있었다.

업종 별로 구분해보면, 청소를 담당한 소수掃守, 가마 담당의 여농 지興籠持, 수비병인 어원새御垣塞, 땔감 담당의 신련薪連, 재봉을 맡은 봉전녀縫殿女, 염색하는 염녀染女, 토기를 제조하는 토사녀土師女 등이 있었으며, 생산과 제조를 담당했던 기술자들에는, 벽 바르는 토도土塗 (左官) · 주물사鑄物師 · 동작銅作 · 야작矢作 · 대도조大刀造 · 단야鍛冶와 신발을 만들던 답봉沓縫 · 솥 만드는 나폐작奈閇作 · 금작공琴作工 · 불 사佛師 등이 있었고, 사경 관계를 맡았던 이들에는 경사經師 · 지사紙師 · 질사秩師 · 서법모인書法模人 등이 있었다.

저택 내에서 일하는 사람들에게는 매일 급식이 이뤄졌다. 각각의 사司와 소所에 대한 식미의 지급이 정소政所에서 행해지고, 그때마다 여러 관청의 이름, 지급하는 쌀의 양, 수취인, 월일, 지급 담당자 등을 기재한 미반米飯의 지급 목간이 장부로서 작성됐다. 나날의 미반 지급 목간이 대량으로 출토한 것으로 보아 앞서 기술한 직종의 말단의 실 상까지 속속들이 알 수 있게 됐다.

세 번째로 나가야오케에서 사용된 일상 언어들을 알 수 있다.

(앞) 當月廿一日御田苅竟大御飯米倉古稻

(뒤) 移依而不得收故卿等急下坐宜　　219×14×2　　011형식

214

이 문서 목간은 "논에서 벼 베기를 했는데 주인 몫의 쌀을 창고에 수납할 수 없으니 서둘러 현지에 와 달라"는 내용을 정소에 전하는 내용이다. 보내는 곳과 받는 곳이 모두 생략되고, "경들은 서둘러라"는 일본식 한문으로 필요 사항만을 기재하고 있다. 보내는 곳과 받는 곳이 분명하기에 간결한 구어만으로 용건이 종결된 것이다. 미반 지급 목간에서도 받는 사람과 지급 담당자는 성을 생략하고 이름만 기재돼 있다. 또한 "젊은 주인(약옹若翁, 약군若君)" 같은 일본식 용어의 사용도 주목된다.

앞서 살펴본 '오니에大贄' 하찰 목간의 표기를 통해, 지금까지 천황에게 보낸 식료 공진물에서만 제한적으로 사용된 것으로 생각해오던 '오니에'의 표기가 비단 천황뿐만 아니라 나가야오에서도 사용되고 있던 사실이 명백해졌다. 기비 내친왕의 명령을 '대명大命'이라고 하는 문서 목간도 '대명'이 단지 천황의 명령만을 의미하지 않는다는 것을 의미한다.

이처럼 나가야오케 목간을 통해, 지금까지 천황에 대해서만 사용했다고 생각돼온 용어들이 상급 귀족에게도 사용됐던 예로서 '미타御田', '오미이大御飯', '오미케大御食', '교부쓰御物' 등 다수가 밝혀졌다. 이는 고대 일본어에서 경어 사용이 천황 중심의 일원적 차원이 아니라 상급 귀족을 포함해 다차원에서 사용되고 있었다는 사실을 말해준다.

마지막으로 나가야오의 생활을 지탱한 경제적인 기반이 광범위하게 여러 지방에 퍼져 있었다는 사실을 알 수 있다. 나가야오케의 경제적인 기반으로서 헤이조쿄에서 가까운 기나이畿內의 농장이라고 해도 좋을 미타御田(아마시로山背 미타, 미미나시耳梨 미타 등), 미소노御薗(아마시로 미소노, 대정大庭 미소노 등)와 쓰케都祁 빙실氷室이 있었고, 멀리 떨어져 있던 곳으로 단바丹波에 있던 삼림인 소마杣 등이 있었다. 또한 어전御田, 어원御薗에는 각각 이를 담당하는 어전사와 어원사를 두어,

(앞) 山背薗司 進上 大根四束 遣諸月

　　　　交菜二斗

(뒤) 和銅七年十二月四日 大人　　　255×30×4　011형식

같은 진상장進上狀 목간과 함께 생산한 야채 등을 저택으로 보냈다.

　나가야오케 목간을 통해서도 이렇게 율령제 시스템 하에서 궁도로 쌀과 특산물이 공진돼온 사실을 파악할 수 있었다. 봉호로부터의 공진이라고도 여겨지는, 이러한 지방으로부터의 공진물 하찰 목간은 넓은 지역에 걸쳐 있었으며, 나가야오케의 생활이 여러 지방의 사람들에 의해 지탱되고 있었음을 직접적으로 증명한다.

　이렇게 나가야오케 목간은 지금까지『속일본기』등의 문헌 사료를 통해서는 알지 못했던 상급 귀족의 가정의 구체적인 모습을 선명하게 그려내고 있다. 하지만 729년의 '나가야오의 변고'에 의해 그와 기비 내친왕이 영위해온 생활은 붕괴했으며, 그 저택에서 일하고 있던 많은 사람들의 일상도 일순 사라져버렸다.

목간 석문의 기재방식

다음은 목간의 석문釋文의 기재 방식을 표준적으로 제시한 것이다. 이 책은 이를 준용했지만, 모든 목간을 이에 따라 소개하지는 않았다.

1. 석문에는 다음의 부호를 붙인다.

(앞)(뒤) 목간 앞뒤에 문자가 기재된 경우 (앞)과 (뒤)로 표시

~ ~ 말소한 문자인 것이 확실한 경우 말소를 나타내기 위해 원래 글자의 왼쪽 곁에 표시

□□□ 결손문자 중 글자 수를 확인할 수 있는 것

☐ 결손문자 중 글자 수를 추정할 수 있는 것

⌈　⌉ 결손문자 중 글자 수를 특정할 수 없는 것

⌐　⌐ 기재 내용에서 위아래에 문자가 계속된다고 추정할 수 있는 것

「　」 이필, 추필

⌒丶 합점

○	목간의 상단과 하단에 작은 구멍이 있을 때 그 위치에 표시
カ	저자가 더한 주에 의문이 있는 것
ママ	문자에 의문은 없지만 의미가 통하지 않는 것
=	조판 사정으로 1행 내지 1괄 복수행의 문장을 2행 내지 2괄로 편성하지 않으면 안 될 경우, 초행과 초괄의 말미와 2행과 2괄의 모두에 이 기호를 써서 본래 1행과 1괄로 연결된다는 것을 표시

2. 교정이나 설명을 위한 석문에 붙인 주에는 다음과 같은 두 종류의 괄호를 사용한다.

| 〔 〕 | 본문에 폐기하고 대체된 문자를 포함하는 교정주 |
| ( ) | 오른쪽 이외의 교정주와 설명주 |

3. 석문 뒤에는 목간의 법량과 형식 번호, 그리고 가능한 한 목간의 재질과 목재 상태를 표시한다. 법량의 숫자는 목간의 길이, 폭, 두께를 표시(단위는 밀리미터)하고, 결손 부분은 현존 부분의 법량을 괄호로 표시한다.

4. 목간의 형태를 나타내는 형식 번호는 나라문화재연구소의 분류에 따르며, 남아 있는 목간의 형태에 따라 단순한 기호로 표시하거나 다음과 같이 분류한다.

011형식: 장방형의 목재

015형식: 장방형의 목재의 측면에서 구멍을 뚫은 것

019형식: 한쪽이 사각형이고 다른 한쪽은 절손·부식 등에 의해 원형을 잃어버린 것, 원형은 011·032·051형 중의 하나일 것으로 추정

021형식: 소형의 직사각형 목재

022형식: 소형의 직사각형 목재 한쪽을 삼각형으로 한 것

031형식: 장방형 목재의 양끝에 좌우로 홈을 넣은 것으로, 사각형·삼각형 등 여러 종류가 있다.

032형식: 장방형 목재의 한쪽 좌우에 홈을 넣은 것

033형식: 장방형 목재의 한쪽 좌우에 홈을 넣고, 다른 한쪽 끝을 뾰족하게 한 것

039형식: 장방형 목재의 한쪽 좌우에 홈이 있지만, 다른 한쪽은 절손·부식 등에 의해 원형을 잃은 것, 원형은 031·032·033형 중의 하나일 것으로 추정

041형식: 장방형 목재 하단의 좌우를 깎아 제기 손잡이 모양으로 만든 것

043형식: 장방형 목재 하단을 제기 손잡이 모양으로 만들고, 윗부분 좌우에 홈을 넣은 것

051형식: 장방형 목재 한쪽 끝을 뾰족하게 한 것

059형식: 장방형 목재 하단을 뾰족하게 하고 있지만, 다른 한쪽은 절손과 부식 등에 의해 원형을 잃어버린 것, 원형은 033·051형 중의 하나일 것으로 추정

061형식: 용도가 명확한 목제품에 묵서가 있는 것

065형식: 용도 미상의 목제품에 묵서가 있는 것

081형식: 절손·절단·부식 등에 의해 원형의 판명이 어려운 것

091형식: 목간을 깎은 조각들

참고문헌

1장

沖森卓也・佐藤信,『上代木簡資料集成』, おうふう, 1994

狩野久,『日本の美術160 木簡』, 至文堂, 1979

佐藤信,『出土史料の古代史』, 東京大學出版會, 2002

木簡學會 編,『日本古代木簡選』, 岩波書店, 1990

木簡學會 編,『日本古代木簡集成』, 東京大學出版會, 2003

木簡學會 編,『木簡から古代がみえる』, 岩波書店, 2010

2장

狩野久,『日本の美術160 木簡』, 至文堂, 1979

佐藤信,『日本古代の宮都と木簡』, 吉川弘文館, 1997

佐藤信 編,『日本の時代史4 律令国家と天平文化』, 吉川弘文館, 2002

田辺征夫・佐藤信 編,『古代の都2 平城京の時代』, 吉川弘文館, 2010

田辺征夫,『平城京 街とくらし』(教養の日本史), 東京堂出版, 1997

坪井清足 監修,『天平の生活白書-よみがえる平城京』, 日本放送出版協
会, 1980

渡辺晃宏,『日本の歴史04 平城京と木簡の世紀』, 講談社, 2001

3장

石母田正,『日本の古代国家』, 1971

今泉隆雄,「銘文と碑文」,『日本の古代 14 ことばと文字』, 中央公論社, 1988

岸俊男,『日本古代文物の研究』, 塙書房, 1988

小林芳規,「字訓史資料としての平城宮木簡」,『木簡研究』5, 1983

佐藤信,『古代の遺跡と文字資料』, 名著刊行会, 1999

佐藤信,『出土史料の古代史』, 東京大學出版會, 2002

佐藤信 編,『日本の時代史 4 律令国家と天平文化』, 吉川弘文館, 2002

田熊信之・田熊清彦,『那須国造碑』, 中国・日本史学文学研究会, 1987

徳島県埋蔵文化財研究会,『観音寺木簡-観音寺遺跡出土木簡-』, 1999

長野県埋蔵文化財センター,『長野県屋代遺跡群出土木簡』, 1996

4장

佐藤信,『日本古代の宮都と木簡』, 吉川弘文館, 1997

佐藤信,『古代の遺跡と文字資料』, 名著刊行会, 1999

佐藤信,『出土史料の古代史』, 東京大學出版會, 2002

佐藤信 編,『日本の時代史 4 律令国家と天平文化』, 吉川弘文館, 2002

佐藤信,『古代の地方官衙と社会』, 山川出版社, 2007

5장

佐藤信,『日本古代の宮都と木簡』, 吉川弘文館, 1997

佐藤信,『古代の遺跡と文字資料』, 名著刊行会, 1999

佐藤信,『出土史料の古代史』, 東京大學出版會, 2002

佐藤信 編,『日本の時代史 4 律令国家と天平文化』, 吉川弘文館, 2002

6장

佐藤信,『日本古代の宮都と木簡』, 吉川弘文館, 1997

寺崎保弘,『長屋王』, 吉川弘文館, 1999

奈良国立文化財研究所 編,『平城京長屋王邸宅と木簡』吉川弘文館, 1990

平野邦雄・鈴木靖民 編,『木簡が語る古代史 (下) 国家の支配としくみ』吉川

弘文館, 2000

7장

今泉隆雄,『古代木簡の研究』, 吉川弘文館, 1998

狩野久,『日本古代の国家と都城』, 東京大学出版会, 1990

岸俊男,『日本古代文物の研究』, 塙書房, 1988

小林芳規,「字訓史資料としての平城宮木簡」,『木簡研究』5, 1983

東野治之,『正倉院文書と木簡の研究』, 塙書房, 1977

佐藤信,『日本古代の宮都と木簡』, 吉川弘文館, 1997

8장

稲岡耕二,「国語の表記史と森ノ内遺跡木簡」,『木簡研究』9, 1987

佐藤信,『日本古代の宮都と木簡』, 吉川弘文館, 1997

平川南 監修, 石川埋蔵文化財センター 編,『発見!古代のお触れ書き-石川県

加茂遺跡出土加賀郡牓示札』, 大修館書店, 2001

9장

阿部義平,『考古学ライブラリ__50 官衙』ニュ__・サイエンス社, 1989

佐藤信,『日本古代の宮都と木簡』, 吉川弘文館, 1997

佐藤信,『古代の地方官衙と社会』(日本史リブレット), 山川出版社, 2007

佐藤信,『出土史料の古代史』, 東京大學出版會, 2002

佐藤信,『古代の遺跡と文字資料』, 名著刊行会, 1999

早川庄八,『日本古代官僚制の研究』, 岩波書店, 1986

山中敏史,『古代地方官衙組織の研究』, 塙書房, 1994

山中敏史・佐藤興治,『古代日本を発掘する 5 古代の役所』, 岩波書店, 1985

和島村教育委員会,『八幡林遺跡』第1集・第2集・第3集, 1992・1993・1994

狩野久,『日本古代の国家と都城』, 東京大学出版会, 1990

東野治之,『日本古代木簡の研究』, 塙書房, 1983

10장

池田善文,「長登銅山跡にみる古代の採掘と精錬」,『月刊文化財』421, 1998

伊藤信雄,『天平産金遺跡』, 涌谷町, 1960

佐藤信,「大仏造立の歴史的背景」,『王権と信仰の古代史』, 吉川弘文館, 2005

佐藤信,『出土史料の古代史』, 東京大學出版會, 2002

中井一夫・和田萃「奈良・東大寺大仏殿廻廊西地区」,『木簡研究』11, 1989

奈良県立橿原考古学研究所,『東大寺大仏殿廻廊西地区の調査』, 1988

美東町教育委員会『長登銅山跡』Ⅰ・Ⅱ, 1990・1991

美東町・美東町教育委員会,『古代の銅生産−「古代の銅生産シンポジウムin長登」資料集』, 2001

八木充, 『日本古代出土木簡の研究』塙書房, 2009

11장

沖森卓也・佐藤信, 『上代木簡資料集成』, おうふう, 1994

門脇禎二, 『采女』, 中公新書, 1979

狩野久, 『日本の美術 160 木簡』, 至文堂, 1979

佐藤信, 『日本古代の宮都と木簡』, 吉川弘文館, 1997

12장

岡田精司, 『古代祭祀の史的研究』, 塙書房, 1992

金子裕之, 『平城京の精神生活』, 角川書店, 1997

佐藤信 編, 『日本の時代史4 律令国家と天平文化』, 吉川弘文館, 2002

山里純一, 『沖縄の魔除けとまじない』, 第一書房, 1996

和田萃, 『日本古代の儀礼と祭礼・信仰』, 塙書房, 1995

13장

岸俊男, 『日本古代政治史の研究』, 塙書房, 1966

佐藤信, 『日本古代の宮都と木簡』, 吉川弘文館, 1997

寺崎保弘, 『長屋王』, 吉川弘文館, 1999

奈良国立文化財研究所 編, 『平城京長屋王邸宅と木簡』吉川弘文館, 1990

옮긴이의 글

목간과 종이 문서를 두고 볼 때, 처음에는 서사 재료로서 나무에 비해
더 종이가 귀했기 때문에 보다 더 쉽고 값싸게 구할 수 있는 나무를 종
이 대용으로 사용했다는 게 일반적인 인식이었다. 하지만 지금은 종
이와 나무가 각각 적절한 용도에 맞춰 사용됐다는 게 정설이다. 예컨
대 호적戶籍, 계장計帳 같은 장문의 공문서는 이어 붙일 수 있는 종이
문서가 적합하고, 물품에 붙이는 꼬리표 같은 하찰荷札은 비바람에도
견디는 나무를 활용한 것이다.

　일본 고대에서 목간이 가장 활발하게 사용된 시기는 8세기까지이
고, 문서 목간은 10세기를 경계로 그 모습이 보이지 않게 된다. 하지
만 꼬리표 목간 중 운반하는 짐에 붙이는 하찰 목간이나 그 외로 다양
하게 쓰이던 목간들은 후세까지도 견실하게 생명력을 유지했다. 목간
은 글자를 틀리게 썼을 때에 칼로 깎아 쉽게 수정할 수 있고, 좌우에
홈을 파 연결시킬 수도 있으며, 구멍을 뚫어 가공할 수 있다는 이점이
있다.

　이렇게 서사 재료상 종이와 나무를 병용하는 한자 문화가 일본 열
도에 전해진 것이라 볼 수 있거니와, 병용의 시기를 염두에 둘 때, 한

228

일 양국에서 출토되고 있는 목간의 형상과 서식 및 그 분류에서 공통점이 보인다는 지적이 있어 왔다.

이러한 견해는 중국에서 한반도를 거쳐 일본 열도로 이어지는 동아시아 문화 전달 체계상 당연한 것인지 모른다. 물론 이와 함께 백제 목간과 신라 목간 사이에 차이가 보이는 문제, 일본 열도 내에서 발견되는 목간이라도 헤이조쿄 등의 궁과 도성에서 발견되는 목간보다 지방에서 발견되는 목간에서 한반도 관련 목간의 영향이 더 짙게 나타난다는 지역적인 편차의 문제에도 주목할 필요가 있다.

일본 목간은 쇼소인 보물에 속해 있는 30여 점 외에도, 1928년 미에重県 현 유이柚井 유적에서 3점, 1930년에 아키타秋田 현의 홋타노사쿠拂田柵 유적에서 2점이 발견된 적이 있었으나 당시에는 별로 주목을 받지 못했다. 헤이조쿄의 제1호 목간은 나라문화재연구소에 의해 1961년 당시의 천황의 거주 공간인 다이리内裏 북쪽의 관청 밀집 지구에서 발굴됐다.

이를 시작으로 같은 해 헤이조쿄 유적에서 41점이 발견된 이래, 목간은 경향 각지에서 발굴되고 있다. 수적으로 다수인 경우가 1996년 헤이조쿄 동남부 구석에서 발굴된 약 1만 3천 점, 1988에서 1989년에 걸쳐 발굴된 나가야오케長屋王家 목간과 그에 인접한 이조대로二條大路 목간이 모두 약 11만 점, 그리고 이외에도 나가오카쿄長岡京 등에서도 발굴되고 있다.

특히 나가야오케 목간의 발견은 중요한 고고학 자료로서의 목간의 의의를 널리 알리는 계기가 되기도 했다. 최근에는 후지와라쿄藤原京 이전의 궁도와 그 주변 유적뿐만 아니라, 국國·군郡의 지방 관아와 사원 등에서 전국적으로 출토되고 있다.

일본 목간은 형상과 용도의 두 측면으로 분류된다. 먼저 생김새를 기준으로 한 분류에서 그 수가 가장 많은 것은 직사각형 목간이다. 정해진 규격은 없었던 듯하지만, 대개 20~30센티미터의 길이에 폭은 1.5~4센티미터 정도의 것이 대부분이다. 물론 유달리 큰 것도 존재한다. 용도 면에서는 크게 셋으로 나눠, 문서 목간·꼬리표 목간付札·그 외의 목간으로 분류한다.

주목할 만한 요소로, 목간이 발굴되는 장소는 목간이 만들어진 곳이 아니라 목간의 쓰임이 다한 곳을 의미한다. 다시 말해 목간은 최초에 기록된 곳으로부터 멀리 떨어진 곳에서 수명을 다해 폐기되고, 이것이 후세에 발견됐을 때 목간이라는 출토 자료로 언급된다는 의미다.

이미 목간은 일본 고대사를 연구하는 데 필수적인 사료의 위치를 차지하고 있다. 『일본서기』나 『속일본기』 같은 편찬 사료에서는 느낄 수 없는, 생생한 당대의 역사를 보여주는 자료라는 점에서 각별하다. 그러다 보니 일본 고대사학계에서 목간 연구는 매우 인기 있는 분야 중의 하나이다. 목간 자체에 중심을 두고 그에 천착하는 연구도 있지만, 목간을 통해 고대사의 실상에 접근하는 본격적인 연구가 대부분이다. 그리고 이 책은 후자의 경우를 대표하는 연구서이다.

이 책의 저자인 도쿄대학 사토 마코토佐藤信 교수는 고대 일본의 역사를 편찬 사서와 목간을 통해 설명해낼 수 있는 몇 안 되는 전문가 가운데 한 명이라 할 수 있다. 그는 이 책에서 8세기 나라 시대의 서울이었던 헤이조쿄의 역사를 다양한 자료의 도움을 얻어 입체적으로 풀어내고 있다. 이러한 연구는 단지 목간에 대한 해박한 지식을 갖고 있다고 해서 쉽게 달성될 수 있는 일이 아니며, 편찬 사서로만 8세기를 연구하는 연구자에게도 버거운 작업이다.

사토 교수는 역자의 일본 유학 시절 지도교수로서, 10년간의 유학생활 중 석사논문과 박사논문을 지도해주었다. 그의 이력에서 보이듯, 도쿄대학 일본사학과 출신자 가운데 드물게도 그는 나라문화재연구소 연구원과 문화청 기념물과 문화재조사관이라는 외도 아닌 외도를 경험했다. 이러한 경력은 도쿄대학의 장기 중 하나인 율령 연구에 집중하는 학문적 분위기와는 판이하게, 사회사와 생활사의 측면에서 일본 고대사를 파고들게 했다. 그의 학문적 입장은 문하생 신분이었던 역자에게도 적지 않은 영향을 미쳤다. 이 번역 작업이 그동안 입은 학은에 조금이라도 보답이 됐으면 한다.

이 책은 2010년 처음 출간됐고, 그 해는 헤이조쿄(710~784년)로 천도한 지 1300년이 되는 기념할 만한 해였다. 이에 맞춰 일반인을 대상으로 쓰인 본서는 일본 공영방송인 엔에이치케이NHK의 라디오방송 교재로 만들어졌다. 같은 해 9월부터 12월까지 총 13회에 걸쳐 방송된 강의 내용을 담고 있으며, 8세기 헤이조쿄를 중심으로, 그간 축적된 일본 목간 연구의 성과를 폭넓고 깊이 있게 소개하고 있다.

이 역서가 이제 자리를 잡아가고 있는 한국 목간 연구에 조금이나마 도움이 됐으면 한다. 한국의 목간 연구는 연구사의 영역에서 일본의 그것보다 뒤늦을지는 몰라도, 목간 그 자체의 사용은 앞선 것이기 때문에, 연구 방법을 넘어선 다양한 논의와 독자적인 방법론을 모색해볼 수 있을 것이다. 이 책이 그에 일조했으면 하는 마음 간절하다.

불민한 역자에 의해 이 책이 나오기까지 주위의 여러분들께 신세를 졌다. 먼저 동고동락하는 고려대학교 글로벌일본연구원 동료 교수님들께 감사를 전한다. 그리고 학부 이래 일본 고대사라는 학문의 길로 이끌어주시고 기대에 못 미치는 제자를 항상 격려해주시는 김현구 선생님께 감사의 마음을 표하고 싶다.

2017년 여름,

옮긴이

찾아보기

지은이 **사토 마코토佐藤 信**

1952년 도쿄에서 태어나 도쿄대학 문학부 국사학과를 졸업하고, 동 대학원 인문과학연구과
(국사학)에서 석사과정을 수료했다. 나라국립문화재연구소 연구원, 문화청 기념물과 문화
재조사관, 세이신여자대학 조교수, 도쿄대학 문학부 조교수를 거쳐, 현재 동 대학원 인문사
회계연구과 교수로 있다. 주요 저서로『日本古代の宮都と木簡』,『古代の遺跡と文字資料』,
『出土史料の古代史』,『律令国家と天平文化』등이 있다.

옮긴이 **송완범宋浣範**

고려대학교 사학과를 졸업하고, 연세대학교 대학원에서 석사과정을 수료했으며, 도쿄대학
대학원에서 일본 고대사 전공으로 석사와 박사학위를 취득했다. 현재 고려대학교 글로벌일
본연구원 교수로 있다. 주요 논문으로는「나라 시대의 백제왕씨와 문화적 특성」,「백촌강 전
투와 왜-동아시아 세계의 재편과 관련하여」등이 있고, 옮긴 책으로는『삼국지의 세계』(공
역),『일본의 고대사 인식』등이 있다.

다시보는 동아시아 03

목간에 비친 고대 일본의 서울, 헤이조쿄

1판 1쇄 인쇄 2017년 8월 20일
1판 1쇄 발행 2017년 8월 30일

지 은 이 ㅣ 사토 마코토
옮 긴 이 ㅣ 송완범
펴 낸 이 ㅣ 정규상
책임편집 ㅣ 현상철
편   집 ㅣ 신철호 · 구남희
마 케 팅 ㅣ 박정수 · 김지현

펴 낸 곳 ㅣ 성균관대학교 출판부
등   록 ㅣ 1975년 5월 21일 제1975-9호
주   소 ㅣ 03063 서울특별시 종로구 성균관로 25-2
전   화 ㅣ 02) 760-1252~4
팩   스 ㅣ 02) 762-7452
홈페이지 ㅣ http://press.skku.edu

ISBN 979-11-5550-214-3 93910

ⓒ 2017, 송완범
정가 22,000원
* 잘못된 책은 구입한 곳에서 교환해드립니다.